Reinhardt Hess

Renardos
Nuova Cucina

Reinhardt Hess

Renardos
Nuova Cucina

Die junge wilde italienische Küche

Mit Fotos von Karl Newedel

AUGUSTUS

Inhalt

Köstliche Nuova Cucina

- **9** Der edle Begleiter – kleine Weinkunde
- **10** Grundlegendes – Zutaten und Vorräte

Antipasti für jede Gelegenheit – Kleines, Feines und Praktisches nicht nur für die Party

- **16** Fürs erste Glas im Stehen – Fingerfood zum Knabbern
- 17 Feigen mit Balsamico
  Fichi al balsamico
- 18 Artischocken-Oliven-Creme
  Crema di carciofi e olive
- 19 Crostini mit Thunfischcreme
  Crostini con crema tonnata
- 20 Röstbrot mit Kirschtomaten
  Bruschetta all'ischitana
- 21 Crostini mit rotem Pesto
  Crostini con pesto rosso
- 22 Shrimps mit Zitrone und Kaviartoast
  Gamberetti al limone con crostini di caviale
- 23 Rohes Gemüse mit Gorgonzolacreme
  Verdure crude al gorgonzola

- **24** Wenn es etwas Besonderes sein soll
- 25 Rohes Rinderfilet mit pikanter Sauce
  Carpaccio alla famularo
- 26 Mosaik von Paprikaschoten
  Mosaico di peperoni arrostiti
- 27 »Getrüffelte« Champignons
  Funghi trifolati
- 28 Spinat mit Pfifferlingen
  Spinaci con gallinacci
- 29 Auberginen mit Tomaten
  Melanzane a fungetielli
- 30 Lauchomelett mit Balsamico
  Frittatina con porri all'aceto balsamico
- 31 Brokkoli mit geräuchertem Provolone
  Broccoli con provolone affumicato
- 32 Pochierte Eier mit Fonduta und Trüffel
  Uova con fonduta trifolata
- 33 Gebratene Zucchini mit Nüssen und Schinken
  Zucchini fritte con noci e prosciutto
- 34 Überbackene Artischocken
  Carciofi gratinati
- 35 Auberginentürmchen
  Melanzane parmigiana

Keine Lust zu kochen?
Insalata alla casa: Salate zum Appetitmachen oder Sattessen

38 Bunte Appetitanreger »a fantasia«

39 Orangen-Chicorée-Salat
  Insalata belga con arance

40 Grüner Salat mit Kartoffelwürfelchen
  Misticanza con crostini di patate

41 Mangoldsalat mit Pinienkernen
  Insalata di bietole con pinoli

42 Tomatensalat im Brötchen
  Insalata di pomodori in panini

43 Tomaten-Rucola-Salat mit Steinpilzen
  Insalata di pomodori e rucola con porcini

44 Roter Zwiebelsalat mit Minze
  Insalata di cipolle con menta

45 Fenchelsalat mit Pfirsich und Schinken
  Insalata di finocchio con pesche e prosciutto

46 Für Gelüste zwischendurch

47 Knuspriger Umbrischer Brotsalat
  Panzanella

48 Auberginenröllchen mit Mozzarella und Rucola
  Involtini di melanzane con mozzarella e rucola

49 Zunge mit Kartoffeln und Kresse
  Lingua con patate e crescione

50 Hähnchenbrust auf Salatbett
  Petto di pollo in giardino

51 Hähnchenleber auf Orangensalat
  Fegatini di pollo su insalata di arance

52 Gebratene Tintenfische mit Zuckererbsen
  Seppioline con piselli verdi

53 Durchgedrückte Kartoffeln mit Gambas
  Schiacciata di patate con gamberi

Machen Hungrige glücklich – Primi Piatti

56 Beeindruckende Alternative – Zuppa und Minestrone

57 Rote-Bete-Suppe mit Ricottanocken
  Zuppa di barbabietole con gnocchi di ricotta

58 Gemüsesuppe mit Polentaklößchen
  Minestrone con gnocchi di polenta

59 Grüne Bohnensuppe mit Mangold
  Zuppa di fave e bietole

60 Hähnchenflan in Brühe
  Budino di pollo in brodo

61 Knoblauchsuppe mit Kräutern
  Zuppa all'agliata

62 Kastaniensuppe mit Reis
  Minestra di castagne e riso

63 Fischsuppe mit Gemüse
  Zuppa di pesce con verdure

64	Muschelsuppe mit Graupen *Minestra cocciula e fregolina*	70	Grüne Nudelrollen *Rotolo verde*	
65	Tomatensuppe mit Sardellen-crostini *Minestra di pomodoro con crostini di acciughe*	72	Pfannkuchen mit Spinat und Ricotta *Crespelle di ricotta e spinaci*	

66 Für Anspruchsvolle – Pasta & Co.

- 67 Spaghetti mit Lachs und Zitronenmelisse *Spaghetti al salmone e cedronella*
- 68 Penne mit gebackener Ricotta *Penne con ricotta al forno*
- 69 Bandnudeln mit Zucchiniblüten und Shrimps *Tagliatelle ai fiori di zucca con gamberetti*
- 73 Rucolarisotto mit Pfifferlingen *Risotto con rucola e cantarelli*
- 74 Reistörtchen mit Fleischsauce *Timballo con ragù*
- 75 Polenta gratiniert mit Fonduta *Ciotolo al tartufo*

76 Der Partyhit: O mia bella pizza

- 77 Pizzabrot mit Knoblauch *Pizza pane aglio e olio di pomodori essiccati*
- 78 Südtiroler Pizza mit Rucola *Pizza rucola*
- 79 Pizza mit Artischocken und Kapern *Pizza con carciofi e capperi*
- 80 Pizza mit Parmaschinken *Pizza prosciutto di Parma*
- 81 Pizza mit Pfifferlingen und Mangold *Pizza con funghetti e bietole*
- 82 Pizza jüdische Art *Pizza alla giudia*
- 83 Pizza mit Lauch und Shrimps *Pizza con porro e gamberetti*

Nach der Pflicht die Kür – Secondi piatti

86 Exklusiv oder für den kleinen Geldbeutel – Frutti di mare

- 87 Garnelen mit Oliven und Kapern *Gamberoni con olive e capperi*
- 88 Tintenfische mit Artischocken *Calamari con cuori di carciofi*
- 89 Muscheln mit Pfeffer, Knoblauch und Olivenöl *Cozze pepate*
- 90 Gebratene Sardinenfilets auf Zucchini *Sarde arrosto su zucchini*
- 91 Schellfischfilet mit Kartoffeln und Safran *Filetti di nasello con patate e zafferano*
- 92 Goldbrasse mit Rosmarin *Orata al rosmarino*
- 93 Seeteufelmedaillons im Schinkenmantel auf Linsenragout *Coda di rospo al prosciutto su ragù di lenticchie*
- 94 Lachs in Rotweinsauce *Filetto di salmone in vino rosso*
- 95 Seezungenfilets und Garnelen auf »Tomatenblättern« *Filetti di sogliola con gamberoni su foglie di pomodori*

96 SCHNELLER GEBRATEN ALS GEGESSEN – SCALOPPINE & MEHR

97 Hähnchenleber mit Chicorée in Balsamico
Fegatini di pollo con insalata belga in balsamico

98 Kalbsleber auf Auberginengemüse
Fegato di vitello su caponata

99 Gewürzhähnchen aus dem Ofen
Pollo speziato al forno

100 Gegrillte Entenbrust auf Rucola
Tagliata di anatra con rucola

101 Kalbsschnitzelchen mit roher Tomatensauce
Scaloppine con pomodoro fresco

102 Mailänder Kalbsschnitzel mit Auberginen
Piccata alla milanese con melanzane

103 Filetstreifen mit Kräutern
Straccetti all'erbe

104 Gegrillte Rinderlende auf Steinpilzen
Tagliata con porcini

105 Kalbsröllchen mit Spinat
Involtini di vitello con spinaci

106 Kaninchen mit Paprika
Coniglio in peperonata

107 Lammlende in Balsamicosauce
Lombo d'agnello all'aceto balsamico

DER SÜSSE ABSCHLUSS: DOLCE VITA

110 LEICHTE VERFÜHRUNGEN MIT OBST

111 Panna Cotta mit Erdbeeren
Panna cotta con fragole

112 Weinschaum Rosé
Zabaione al vino frizzante rosato

113 Biskuit mit Waldbeeren
Zuppa ai frutti di bosco

114 Pfirsichgelee auf Moscatosauce
Gelatina di pesche su salsa al moscato

115 Weißer Schokoladenschaum mit Beeren
Mousse di cioccolato bianco con bacche

116 Schokoladen-Halbgefrorenes
Semifreddo di cioccolato

117 Orangensorbet mit Orangenfilets
Sorbetto di arance con filetti di arance

118 FÜR UNERSÄTTLICHE UND WAHRE LIEBHABER

119 Tiramisu mit Ricotta
Tiramisu di ricotta

120 Warme Birnen-Blätterteigtörtchen
Crostatina calda alle pere

121 Gratinierte Vanillecreme
Crema gratinata allo zucchero di canna

122 Süße Ravioli mit Nüssen
Ravioli dolci al burro di noci

123 Crêpes mit Aprikosen
Crespelle all'albicocca

124 Impressum

125 Abkürzungen

125 Rezepteregister

126 Zutatenregister

7

Köstliche Nuova Cucina

Wenn ich nach meinem Hobby gefragt werde, so antworte ich: »Kochen, Essen und darüber schreiben.« Somit gehöre ich zu den glücklichen Menschen, die ihre liebsten Beschäftigungen auch noch zum Beruf machen konnten. Aber obwohl ich schon viele Kochbücher mit Rezepten aus anderen Ländern geschrieben habe – am meisten Freude bereitet mir immer wieder die italienische Küche.

Eine entwicklungsfähige Beziehung

Begonnen hat die Liebe vor langer Zeit mit Pasta und Pizza. Vertieft wurde sie durch Reisen quer durch Italien und vor allem durch ein Buch über die ursprüngliche italienische Küche, von dem ich so begeistert war, dass ich seit dieser Zeit von Freunden scherzhaft »Renardo« genannt werde. Das Buch ist immer noch ein Klassiker, aber meine Beziehung zu Italien hat sich weiterentwickelt. Noch immer koche ich leidenschaftlich gern italienisch, aber die Gerichte sehen heute ganz anders aus.

Frisch verliebt – die neue Küche

Meine neue Art zu kochen lernte ich von jungen Köchen aus allen Teilen Italiens, die eine gemeinsame Idee verbindet: die regionalen Gerichte neu zu beleben, sie aber schlanker, eleganter und leichter, also einfach moderner zu machen. Dabei werfen sie durchaus auch einen Blick in fremde Kochtöpfe, doch sie passen die Rezepte ihren eigenen Traditionen an. Und siehe da, die italienische Küche zeigt mir wieder einmal aufs Neue, wie bunt, frisch und vielseitig sie sein kann.

Inspiration ist Trumpf

Es steckt eine Spontanität in dieser Küche, die mich immer wieder beeindruckt. Gehen Sie auf den Markt, und kaufen Sie, was aromatisch, frisch und gut ist. Dann lassen Sie sich von den Ideen der »Nuova Cucina« inspirieren, was Sie damit kochen können – leichter, witziger und eleganter als früher, als noch die große Familie ernährt werden musste. Die Fantasie, mit der die »Cuoci« aus einfachen, guten und frischen Zutaten ein raffiniertes Gericht kreieren, ist einfach faszinierend. Schauen Sie sich einige der Rezepte an, und Sie werden mir zustimmen, dass es ihnen gelungen ist, manchem Klassiker der italieni-

schen Küche, der schon in unzähligen Varianten gekocht wurde, noch eine weitere, aber neue und zeitgemäße hinzuzufügen. Und die Rezepte treffen genau unseren Geschmack. Alte Traditionen aufgreifen, sie unter den heutigen Möglichkeiten und Vorstellungen umgestalten und sich dabei auch nicht neuen Einflüssen verschließen – das ist es, was die »Nuova Cucina« so interessant macht.

Dabei ist die Nuova Cucina nicht nur etwas für besondere Gelegenheiten, sondern absolut alltagstauglich. In ganz Italien und auch in italienischen Restaurants in Deutschland notierte ich fleißig Rezepte, probierte sie zu Hause aus, passte sie unseren Möglichkeiten an und veränderte sie so, dass sie auch bei uns ganz leicht nachzukochen sind.

EINE LIEBE MUSS GEPFLEGT WERDEN

Leicht verärgert stellte ich beim Ausprobieren der Rezepte manchmal fest, dass die Gerichte nicht so »italienisch« schmeckten, wie ich sie in Erinnerung hatte. Zuerst schob ich dies auf die Zutaten, weil sie im sonnigen Italien vielleicht doch etwas aromatischer sind. Doch dann überlegte ich, was denn sonst noch so typisch italienisch am Essen ist, und ich kam auf die drei Dinge: Liebe, Geduld und Harmonie. Immer, wenn ich nicht mit ganzem Herzen an die Zubereitung ging, schmeckte das Essen nicht. Und auch dann nicht, wenn ich es zu eilig hatte. Zwar sind viele der Rezepte schnell zubereitet, aber ohne Ruhe und Gelassenheit beim Kochen wird es Ihnen nicht gelingen, den kleinen Schritt vom Guten zum Besonderen zu machen. Genauso verhält es sich beim Essen, das erst in geselliger, entspannter Atmosphäre richtig Spaß macht.

ZWEI, DIE ZUSAMMEN GEHÖREN

Nehmen Sie sich also Zeit – für den Einkauf, für die Vorbereitung, das Kochen und das Essen. Nur, wenn Sie ganz bei der Sache sind, wird Ihr Gericht so gut gelingen, wie es sein kann. Das Schöne an der »Nuova Cucina« ist doch, dass sie nicht zu kompliziert ist und wirklich Spaß bereitet. Meine Philosophie lautet, dass sich die Freude beim Kochen auch auf das Gericht überträgt. Es wird ganz anders schmecken, wenn Sie sich mit Hingabe der Zubereitung widmen.

DER EDLE BEGLEITER – KLEINE WEINKUNDE

Italien ist ein Weinland von Nord bis Süd, deshalb ist es für mich selbstverständlich, in der jeweiligen Region den dortigen Wein zu trinken. Auch bei uns ist inzwischen das Angebot ziemlich groß, die Auswahl reicht vom Wein mit geografischer Bezeichnung (IGT, Indicazione Geografica Tipica) über die DOC- zu den teuren DOCG-Weinen. Allerdings

bieten diese Kategorien nur wenig Hilfe bei der Auswahl – aussagekräftiger für die Qualität ist eher der Preis. Aber auch unter den preisgünstigen Weinen gibt es viele interessante Entdeckungen zu machen, deshalb hilft nur eines: Probieren.

Ein Prosecco als Aperitif

Als Aperitif schmeckt ein guter, trockener Prosecco aus Venetien. Sie finden ihn als mild perlenden Frizzante oder als kräftiger sprudelnden Spumante. Anspruchsvollere Spumante, im Trentino, Piemont und Oltrepò Pavese aus Chardonnay- und Pinottrauben im Flaschengärverfahren hergestellt, nennen sich »Talento« und schmecken wunderbar fruchtig-aromatisch. Der Spumante aus der Region Franciacorta in der Lombardei heißt einfach »Franciacorta« und ist fast immer sehr trocken. Trend-Frizzante ist ein fruchtiger Rosé-Prosecco aus dem Veneto, der auch zu Antipasti und Meeresfrüchten schmeckt. Hübsche Aperitif- und Antipastiweine gibt es auch unter den Roséweinen aus Sardinien.

Der Wein zum Essen

Meist trinke ich einen leichten bis mittelschweren Rotwein zu allen Gängen, wie es auch in Italien üblich ist. Solche Menüweine findet man zum Beispiel in Norditalien, in Südtirol und dem Trentino, in der Lombardei, Venetien oder dem Friaul. Ein Bardolino oder Corvina vom Gardasee, ein Merlot del Veneto oder ein guter Valpolicella Classico Superiore sind meist anständige Weine, die am besten leicht gekühlt serviert werden. Zu Rindfleisch, Wild und Schmorgerichten passt ein kräftigerer Rotwein, zum Beispiel ein Chianti Classico, ein Brunello di Montalcino, die Klassiker Barbaresco und Barolo aus dem Piemont, ein Negroamaro aus Apulien, ein Carbio oder ein Colli Perugini Rosso aus Umbrien oder ein Rosso Piceno aus den Marken. Und wer zum Dessert einen Süßwein sucht, wird bei einem Vino Santo (oder Vinsanto), zum Beispiel aus der Toskana, dem Piemont oder dem Trentino (aus Nosiola- oder Moscato-Rosa-Trauben), einem Marsala aus Sizilien oder einem Malvasia di Cagliari aus Sardinien fündig.

Grundlegendes – Zutaten und Vorräte

Um den typisch italienischen Geschmack zu erhalten, brauchen Sie nur wenige Dinge. Diese sollten aber von allerbester Qualität sein. Neben frischem Gemüse, Kräutern, Fisch und Fleisch werden in der »Nuova Cucina« eigentlich genau die gleichen Zutaten und Würzen verwendet wie in der traditionellen italienischen Küche.

OLIVENÖL EXTRA NATIV

Ein gutes Olivenöl ist die Grundlage der italienischen Küche. Es sollte auf jeden Fall kaltgepresst sein. Die neue Bezeichnung dafür ist »extra nativ«. Sehr gute Öle kommen aus der Toskana – seit 1998 mit geschützter geografischer Angabe –, aus Ligurien, Umbrien und Venetien, aber auch aus Apulien und Sizilien. Lassen Sie sich besser von Ihrem eigenen Geschmack leiten, als sich nach Testurteilen zu richten. Übrigens lässt sich kaltgepresstes Olivenöl bis auf 180 °C erhitzen, ohne sich zu zersetzen. Es eignet sich also auch gut zum Braten und Schmoren bei nicht zu hohen Temperaturen.

OLIVEN

Unverzichtbar sind Oliven für Vorspeisen und Salate, sie sind aber auch als Würze für Pastasaucen und Gemüsegerichte ideal. Grüne Oliven wurden unreif geerntet und in Salzwasser entbittert, dunkle Oliven sollten am Baum gereift sein, nur dann schmecken sie mild würzig. Entsteint angebotene Oliven sind zwar praktisch, haben aber meist etwas an Geschmack verloren.

ESSIG

Guter Weiß- oder Rotweinessig würzt nicht nur Salate, sondern auch Fleisch- und Fischsaucen mit seinem feinen Aroma. Allerdings sind manche italienische Essigsorten deutlich schärfer als die bei uns gebräuchlichen. Denken Sie daran, wenn Sie eine neue Sorte zum ersten Mal ausprobieren, und verwenden Sie Essig sparsam und mit Vorsicht.

Der italienische Balsamessig ist ein würziger, dunkler, milder Essig aus eingekochtem Traubenmost, der, sofern er ein »tradizionale« aus Modena ist, lange in Holzfässern reift und dementsprechend teuer ist. Preiswertere Sorten sind mit Zuckercouleur gefärbt und im Schnellverfahren gereift. Der Balsamico bianco ist eine Essigkomposition aus Weißweinessig und Traubenmost, von heller Farbe und fruchtigem Geschmack. Er eignet sich für Gerichte, denen man den »Balsamico-Geschmack« geben möchte, ohne sie dunkel zu färben.

FONDS UND BRÜHEN

Sie sind zwar sehr praktisch, die Fertigfonds und Brühen, die man überall kaufen kann, aber wenn Sie einen kritischen Blick auf die Inhaltsstoffe werfen, wollen Sie vielleicht doch lieber auf die altbewährte Methode zurückgreifen, sie wieder selbst zu kochen. Das können Sie auch auf Vorrat machen. Setzen Sie einen großen Topf an,

entfetten Sie den fertigen Fond oder die Brühe und füllen die heiße Flüssigkeit in Gläser mit Schraubdeckeln. Stellen Sie die Gläser fest verschlossen in einem Wasserbad in den kalten Backofen, und pasteurisieren Sie den Fond bei 120 °C (Gas Stufe 1, Umluft 100 °C). Danach lassen Sie die Gläser im Ofen abkühlen. Mit diesem Verfahren bleiben Fonds und Brühen ohne Einfrieren etwa 6 Monate haltbar. Die Voraussetzung ist, dass Sie sie kühl und dunkel lagern.

Tomaten

Die Erfahrung, dass frische Tomaten außerhalb der Saison recht geschmacklos sind, haben Sie sicherlich auch schon gemacht. Haben Sie deshalb keine Bedenken, auf Pelati oder Eiertomaten (Flaschentomaten) in Dosen zurückzugreifen. Italienische Köchinnen und Köche machen das nicht anders. Außerdem gibt es Pizzatomaten (geschält und gehackt) in der Dose. »Passata di pomodoro« ist ein Tomatenpüree – die Qualität reicht vom Billig-Tetrapack bis zur Passata in der Flasche aus frischen Bio-Tomaten. »Polpa di pomodoro« sind geschälte, gehackte Tomaten (also mit Kernen) – gut für Saucen oder Suppen, die passiert werden. Bei Tomatenmark gibt es die gleichen Unterschiede wie bei Passata. Getrocknete Tomaten (Pomodori essiccati) werden gesalzen und in der Sonne getrocknet. Sie schmecken sehr würzig. Sie finden sie trocken oder in Öl eingelegt.

Schinken und Speck

Am bekanntesten ist der Parmaschinken (Prosciutto di Parma), der nur gesalzen und in der gemäßigten Zone der Hügel um Parma an der Luft getrocknet wird. Hauchdünn aufgeschnitten wird er für Vorspeisen, aber auch zum zarten Würzen von Fleisch und Fisch verwendet. Kräftiger schmeckt der San-Daniele-Schinken aus dem Friaul. Typisch für ihn ist seine Geigenform. Der Südtiroler Schinkenspeck ist am intensivsten, er wird vor dem Trocknen gewürzt und geräuchert.

Parmesan und Pecorino

Bitte verwenden Sie nie geriebenen Käse aus der Tüte, damit verderben Sie mit Sicherheit jedes Gericht. Echter Parmigiano reggiano oder ein guter Grana padano ist dagegen

immer ein Genuss. Pecorino gibt es aus Kuh-, Schaf- oder Ziegenmilch, er kann weich oder hart, süßlich oder pikant würzig sein. Die Hartkäse lassen sich in kleinen Portionen gut einfrieren.

Frischkäse

Mozzarella gibt es bekanntlich aus Büffel- und aus Kuhmilch, wobei der Büffelkäse würziger schmeckt und Kuhmilchmozzarella eher zum Überbacken geeignet ist. Ricotta ist ein frischer Molkeneiweißkäse, eine Art Quark mit über 40 Prozent Fett. Mascarpone ist ein weicher, cremiger Frischkäse mit mildem Geschmack, der an dicke Sahne erinnert.

Weitere Käsesorten

Zu den bekanntesten italienischen Käsesorten gehört der Bel Paese, ein weicher, zart säuerlicher Dessertkäse aus der Lombardei. Der Caciocavallo ist ein birnenförmiger Käse, ähnlich dem Provolone, der paarweise mit einer Schnur zusammengebunden wird. Fontina ist ein Rohmilchkäse aus dem Aostatal, köstlich, teuer und leicht schmelzend. Gorgonzola, ein pikanter Edelpilzkäse, wird auch in einer milden Version mit Mascarpone angeboten, die gern mit Obst als Dessert gegessen wird – wie auch der Taleggio, ein Weichkäse, der entfernt an milden Camembert erinnert.

Sardellen

Die Filets von kleinen, besonders fetten Heringsfischen werden gesalzen und gereift. Sie erhalten sie in kleinen Gläschen in Salzlake.

Kapern

Die kleinen Knospen des Kapernstrauchs werden in Salzlake gereift und entwickeln dabei einen pikanten, bitter-würzigen Geschmack. Während bei uns die Kapern meist in Essigsud eingelegt sind, werden sie in Italien nur mit viel Salz konserviert. Diese sind viel würziger, müssen aber vor der Verwendung 1 bis 2 Stunden in kaltem Wasser entsalzt werden.

Risottoreis

Kaum zu glauben: Italien ist der größte Reisproduzent Europas, baut aber vor allem Rundkornreis für Risotti an. Die klassische Sorte »Superfino« hat etwas größere Körner und kocht cremig-bissfest. Der Arborioreis ist ein großkörniger Risottoreis mit schimmerndem Kern, während der damit leicht zu verwechselnde Avorio ein parboiled-behandelter Mittelkornreis ist (den Risotto-Puristen ablehnen).
Gute Sorten sind auch Carnaroli und Vialone Nano. Alle Sorten sind sehr ergiebig und nehmen viel Brühe oder Fond auf. Achten Sie beim Zubereiten auf die Packungsangaben, die Garzeiten können sehr unterschiedlich sein.

Antipasti für jede Gelegenheit –
Kleines, Feines und Praktisches nicht nur für die Party

Haben Sie wieder einmal mehr Gäste geladen, als Sie Platz am Tisch haben? In einem solchen Fall sind italienische Vorspeisen für mich Retter in der Not, ob klassisch oder neu. Viele hübsche, kulinarische Überraschungen, in allen Ecken angerichtet, und schon kommt Leben in die Runde. Ihre Gäste werden auf Entdeckungstour gehen, und eine lockere, fröhliche Atmosphäre wird als kostenlose Dreingabe zum Essen mitgeliefert. Sie selbst werden genauso viel Spaß wie Ihre Gäste haben, denn die meisten Antipasti lassen sich in aller Ruhe bequem vorbereiten. Deshalb sind sie auch für das klassische Menü in kleiner Runde ein Gewinn – ein ruhiger Beginn, bevor Sie sich weiteren Gastgeberaufgaben widmen.

Fürs erste Glas im Stehen –
Fingerfood zum Knabbern

Schon bei der Begrüßung drücke ich jedem Gast ein Glas Prosecco oder einen prickelnden Weißwein in die eine Hand. Damit sich die andere Hand nicht benachteiligt fühlt, bekommt auch sie etwas zu halten. Dazu verteile ich kleine Antipasti, für die man kein Besteck oder Teller benötigt. Besonders beliebt bei den Händen, aber auch bei den Gästen, sind Crostini und Bruschette, kleine Röstbrotscheiben mit pikantem Belag. So sind alle erst einmal versorgt, können sich akklimatisieren und den ersten Hunger stillen, ohne nervös zu werden, bis endlich die obligatorisch verspäteten Gäste eingetroffen sind.

Ganz schnell

FEIGEN MIT BALSAMICO
[FICHI AL BALSAMICO]

Für 4 Portionen

4 frische reife Feigen
1 EL Aceto balsamico oder
Balsamico bianco
grob gemahlener schwarzer Pfeffer
8 dünne Scheiben Parmaschinken
4 Scheiben Mortadella
Basilikumblättchen zum Garnieren

Zubereitungszeit: ca. 10 Minuten

1 Die Feigen waschen, trocknen und den Stielansatz abschneiden. Die Feigen vom Stielansatz her kreuzweise ein-, aber nicht durchschneiden, auf Teller setzen und aufblättern. Die Schnittflächen mit Balsamessig beträufeln und mit wenig Pfeffer bestreuen.

2 Den Parmaschinken und die Mortadellascheiben locker zusammenfassen und um die Feigen herum anordnen, mit Basilikumblättchen garnieren und sofort servieren.

> **TIPP**
> Schwarze Oliven als Garnitur verstärken den optischen Reiz. Dazu können Sie toskanisches Weißbrot oder Grissini reichen.

Aus dem Piemont

ARTISCHOCKEN-OLIVEN-CREME
[CREMA DI CARCIOFI E OLIVE]

Für 4 Portionen

1 Dose Artischockenböden (210 g netto)
75 g grüne Oliven ohne Stein
2 Knoblauchzehen
6 EL Olivenöl extra nativ
Salz, weißer Pfeffer
4 dicke Scheiben italienisches Weißbrot

Zubereitungszeit: ca. 25 Minuten

1 Artischockenböden und Oliven in einem Sieb sehr gut abtropfen lassen. Die Knoblauchzehen abziehen und grob zerschneiden. Alles in einen Mixer geben und fein pürieren, dabei nach und nach das Olivenöl zugießen, bis eine glatte, feste Creme entstanden ist. Mit Salz und Pfeffer abschmecken.

2 Die Brotscheiben halbieren und im Toaster hellbraun rösten. Mit der Artischockencreme bestreichen und sofort servieren.

> **TIPP**
> Im Piemont habe ich die Creme mit etwas Brühe verdünnt als kalte Sauce zu gebratenem Fischfilet serviert bekommen.

Für Partys

CROSTINI MIT THUNFISCHCREME
[CROSTINI CON CREMA TONNATA]

Für 4 Portionen

150 g Thunfisch (naturell; aus der Dose)
1 unbehandelte Zitrone
1 EL Olivenöl extra nativ
1 EL kleine Kapern
2 EL Crème double
Salz, schwarzer Pfeffer
8 Scheiben Ciabatta oder Baguette

Zubereitungszeit: ca. 20 Minuten

1 Den Thunfisch in einem Sieb abtropfen lassen. Die Zitrone heiß waschen, mit einem Zestenreißer etwa 1 Esslöffel Schale in langen Streifen abraspeln und beiseite legen. 1 Teelöffel Zitronensaft auspressen.

2 Den Thunfisch mit Zitronensaft, Olivenöl und Kapern fein zerdrücken, cremig schlagen und die Crème double unterrühren. Mit Salz und Pfeffer abschmecken.

3 Die Brotscheiben im Toaster hellbraun rösten und mit der Thunfischcreme bestreichen. Mit den Zitronenschalenstreifen garnieren und sofort servieren.

TIPP
Als kleine Knabberei, die keine Mühe macht, können Sie die Thunfischcreme als Dip in kleinen Schälchen anbieten und dazu Grissini reichen.

Aus Ischia

Röstbrot mit Kirschtomaten
[Bruschetta all'ischitana]

Für 4 Portionen

250 g kleine Kirschtomaten
1 milde weiße Zwiebel
4 Knoblauchzehen
3 Stängel Basilikum
1 EL Weißweinessig
4 EL Olivenöl extra nativ
Salz, schwarzer Pfeffer
4 dicke Scheiben großporiges italienisches Weißbrot

Zubereitungszeit: ca. 20 Minuten

1 Die Kirschtomaten waschen und in kleine Stücke schneiden. Die Zwiebel abziehen und nicht zu klein würfeln. Den Knoblauch abziehen und 2 Zehen fein hacken. Das Basilikum trocken abreiben und die Blättchen grob zerschneiden. Tomaten, Zwiebeln, gehackten Knoblauch und Basilikum mit Essig, Olivenöl, Salz und Pfeffer vermischen.

2 Die Brotscheiben halbieren, im Toaster hellbraun rösten und noch heiß mit den restlichen Knoblauchzehen auf einer Seite einreiben. Auf einer Platte anrichten. Die Tomatenmischung auf den Brotscheiben verteilen und sofort servieren.

Aus dem Vorrat

Crostini mit rotem Pesto
[Crostini con pesto rosso]

Für 4 Portionen

75 g getrocknete Tomaten, in Öl eingelegt
25 g schwarze Oliven
2 Knoblauchzehen
1 EL Pinienkerne
3 EL Olivenöl extra nativ
1/4 TL getrockneter Oregano
Salz, schwarzer Pfeffer
8 kleine Scheiben italienisches Weißbrot

Zubereitungszeit: ca. 25 Minuten

1 Die getrockneten Tomaten abtropfen lassen und grob zerschneiden. Die Oliven entsteinen und das Fruchtfleisch in Stücke schneiden. Den Knoblauch abziehen und grob hacken. Alles mit den Pinienkernen in einen Mixer geben und pürieren. Nach und nach das Olivenöl zugießen. Wenn die Masse dick und cremig ist, mit Oregano, Salz und Pfeffer würzen.

2 Das Weißbrot im Toaster oder unter dem heißen Grill hellbraun rösten. Die gerösteten Scheiben mit Pesto rosso bestreichen und warm servieren.

> **TIPP**
> Natürlich können Sie das würzige Öl, in das die Tomaten eingelegt sind, zum Aufgießen verwenden, wenn es von guter Qualität ist. Für Eilige gibt es auch fertigen Pesto rosso aus dem Glas. Er sollte aber mit Olivenöl hergestellt sein.

Etwas teurer

Shrimps mit Zitrone und Kaviartoast

[Gamberetti al limone con crostini di caviale]

Für 4 Portionen

300 g kleine Garnelen (Shrimps; auch TK-Ware)
1 1/2 EL Zitronensaft
2 EL Olivenöl extra nativ

1 Knoblauchzehe
1 EL gehackte Petersilie
Salz, schwarzer Pfeffer
6 Scheiben Toast oder Weißbrot

100 g Ketakaviar (Lachskaviar)
Petersilienblättchen zum Garnieren

Zubereitungszeit: ca. 50 Minuten

1 Die Garnelen in ein Sieb geben, kalt abspülen, abtropfen lassen und in eine Schüssel füllen. 1 Esslöffel Zitronensaft und das Olivenöl darüber gießen. Den Knoblauch abziehen, durch die Presse drücken und dazugeben. Alles mit gehackter Petersilie, Salz und Pfeffer vermischen. 30 Minuten kühl stellen.

2 Die Garnelen bergartig auf Vorspeiseteller häufen. Die Brotscheiben im Toaster hellbraun rösten, diagonal halbieren, den Kaviar darauf verteilen und mit einigen Tropfen Zitronensaft beträufeln. Die Brotscheiben um die Garnelen herum anrichten, die Zwischenräume mit Petersilienblättchen garnieren und das Gericht sofort servieren.

Gut vorzubereiten

ROHES GEMÜSE MIT GORGONZOLACREME
[VERDURE CRUDE AL GORGONZOLA]

Für 4 Portionen

100 g Gorgonzola
150 g Mascarpone
Salz, weißer Pfeffer
2 EL gehackte Pistazien
4 Stangen Staudensellerie
1 Bund Möhren mit Grün
2 kleine Gärtnergurken

Zubereitungszeit: ca. 25 Minuten

1 Den Gorgonzola mit einer Gabel zerdrücken oder durch ein Sieb streichen und nach und nach mit dem Mascarpone verrühren. Sparsam mit Salz und weißem Pfeffer würzen. In vier Portionsschälchen füllen und mit gehackten Pistazien bestreuen.

2 Das Gemüse waschen. Vom Staudensellerie die harten Fäden an der Außenseite der Stangen abziehen, die Stangen einmal längs und einmal quer halbieren. Die Möhren putzen, dabei ein Stück von den grünen Stängeln stehen lassen. Die Möhren längs vierteln, ebenso die Gurken. Die Gemüsestücke in Glasschalen füllen und zum Dippen zur Gorgonzolacreme servieren.

TIPP
Roberto, Koch aus Treviso, würzt die Käsecreme zusätzlich mit 1 Esslöffel Brandy oder Grappa und serviert sie in kleinen Radicchioblättern.

Wenn es etwas Besonderes sein soll

Manchmal habe ich ganz besondere Lust auf das Kochen, oder ich habe Gäste eingeladen, die ich gerne beeindrucken möchte. Dann macht es mir auch nichts aus, einmal etwas länger in der Küche zu stehen, und zu diesen Anlässen dürfen die Zutaten auch ruhig ein wenig teurer sein. In jedem Fall unerlässlich sind pfiffige Ideen und schönes Anrichten. Wollen Sie jedoch nicht allzu viel Aufwand betreiben, probieren Sie doch eines der hier ebenfalls versammelten kleinen warmen Gerichte. Auch wenn die Italiener ihre »Antipasti caldi« am liebsten dann essen, wenn es draußen kalt ist: Ich schätze sie das ganze Jahr über – und Ihre Gäste geben mir sicher Recht.

Klassiker auf neue Art

Rohes Rinderfilet mit pikanter Sauce
[Carpaccio alla famularo]

Für 4 Portionen

200 g Rinderfilet oder gut abgehangenes falsches Filet
Olivenöl zum Bestreichen
Salz, schwarzer Pfeffer
1 Sardelle (in Salz)
1 kleine Schalotte
1 kleine Gewürzgurke
1 EL Kapern
1/2 TL scharfer Senf
3 EL milder Weißweinessig
6 EL Olivenöl extra nativ
nach Belieben einige Feldsalatpflänzchen zum Garnieren

Zubereitungszeit: ca. 20 Minuten

1 Das Fleisch sorgfältig von Häuten und Fett befreien und in dünne Scheiben schneiden. Die Scheiben zwischen geölten Gefrierbeuteln mit einem Plattiereisen oder der flachen Seite des Fleischklopfers so dünn wie möglich klopfen. Flache Teller mit etwas Olivenöl bestreichen, mit Salz und Pfeffer bestreuen, die Fleischscheiben darauf auslegen und kühl stellen.

2 Die Sardelle abspülen, trockentupfen und in Stücke schneiden. Die Schalotte abziehen und möglichst fein hacken. Die Gewürzgurke sehr fein würfeln.

3 Alles mit Kapern, Senf, Essig und Olivenöl in einen Mixer geben, mit Salz und Pfeffer würzen und kurz mixen. Die Zutaten sollen als Stücke in der Sauce erhalten bleiben.

4 Die Fleischscheiben mit der Sauce beträufeln, nach Belieben mit Feldsalat garnieren und das Carpaccio sofort servieren.

> **TIPP**
> Franco, mein Lieblingskoch aus Sizilien, gab mir den Rat, das Rinderfilet nicht anzufrieren und mit der Aufschnittmaschine zu schneiden, sondern zwischen geölter Folie hauchdünn zu klopfen. So behält es seinen feinen Geschmack.

Preiswert

Mosaik von Paprikaschoten
[Mosaico di peperoni arrostiti]

Für 4 Portionen

6 bunte Paprika (rot, grün und gelb)
Olivenöl für das Backblech
und zum Beträufeln
Salz, schwarzer Pfeffer
2 EL Balsamico bianco
1 TL frische Thymianblättchen

Arbeitszeit: ca. 45 Minuten
Marinierzeit: 1–2 Stunden

1 Den Backofen (möglichst mit Grill) auf 250 °C (Gas Stufe 6, Umluft mit Grill 200 °C) vorheizen. Die Paprika waschen, längs halbieren, putzen und auf ein geöltes Backblech legen, flach drücken. Auf oberster Schiene im heißen Ofen mit Grill 7 bis 10 Minuten, ohne Grill 15 Minuten backen, bis die Haut fast schwarz ist. Die Schoten aus dem Ofen nehmen und 10 Minuten abkühlen lassen. Die Haut abziehen, den Saft dabei auffangen.

2 Die Paprika in rechteckige Stücke schneiden, farblich abwechselnd auf eine Platte legen und mit Salz und Pfeffer würzen.

3 Den aufgefangenen Paprikasaft mit Balsamico bianco und 4 bis 6 Esslöffeln Olivenöl verrühren und über die Paprikaschoten träufeln.

4 1 bis 2 Stunden bei Zimmertemperatur ziehen lassen. Zum Servieren mit Thymianblättchen bestreuen.

Für Partys

»Getrüffelte« Champignons
[Funghi trifolati]

Für 4 Portionen

500 g braune Champignons
2 Lauchzwiebeln
3 Knoblauchzehen
4 EL Olivenöl
150 ml Weißwein
Salz, schwarzer Pfeffer
1 Prise gemahlener Peperoncino oder Cayennepfeffer
2 EL gehackte Petersilie

Zubereitungszeit: ca. 20 Minuten

1 Die Pilze putzen und in dünne Scheiben schneiden. Die Lauchzwiebeln waschen, putzen und ebenfalls in dünne Scheiben schneiden. Den Knoblauch abziehen und fein hacken.

2 Das Olivenöl erhitzen und die Pilze darin bei starker Hitze braten, bis ihr Saft verdampft ist und sie leicht braun werden. Den Knoblauch zugeben und andünsten. Mit dem Wein ablöschen und mit Salz, Pfeffer und Peperoncino würzen. Wenn der Wein fast eingekocht ist, die Petersilie unterrühren und kurz erhitzen. Warm oder kalt servieren.

TIPP
Die klassischen »funghi trifolati« werden nur mit Olivenöl, Lauch und Petersilie zubereitet. Mit ein paar Tropfen Trüffelöl allerdings wird ihr Aroma umwerfend.

Spinat mit Pfifferlingen
[Spinaci con gallinacci]

Für 4 Portionen

750 g Blattspinat
Salz
150 g frische Pfifferlinge
2 Knoblauchzehen
4 EL Olivenöl extra nativ
1/2 EL Butter
schwarzer Pfeffer
2 EL Zitronensaft

Zubereitungszeit: ca. 30 Minuten

1 Den Spinat gründlich waschen und verlesen, die harten Stiele dabei entfernen. Die Blätter abtropfen lassen. Salzwasser aufkochen und den Spinat darin etwa 5 Minuten sprudelnd kochen lassen. In einem Sieb abgießen, kalt abbrausen und abtropfen lassen.

2 Die Pilze putzen. Größere in Stücke schneiden, kleinere ganz lassen. Den Knoblauch abziehen und in Scheiben schneiden.

3 In einer Pfanne die Hälfte des Öls mit der Butter erhitzen. Die Pilze darin bei mittlerer Hitze unter Rühren anbraten, bis sie leicht braun werden. Knoblauch dazugeben und kurz andünsten. Den Spinat hinzufügen und 2 bis 3 Minuten erhitzen. Mit Salz und Pfeffer würzen, mit dem restlichen Olivenöl und dem Zitronensaft beträufeln. Lauwarm oder kalt servieren.

Aus Süditalien

AUBERGINEN MIT TOMATEN
[MELANZANE A FUNGETIELLI]

Für 4 Portionen

500 g Auberginen
Salz
500 g reife Tomaten
6 schwarze Oliven
2 Knoblauchzehen
1 EL kleine Kapern
4 EL Olivenöl
schwarzer Pfeffer
4 Stängel Basilikum
1 TL frischer gehackter Oregano

Zubereitungszeit: ca. 1 Stunde

1 Die Auberginen waschen, schälen und in etwa 2 cm große Würfel schneiden. In ein Sieb geben, mit etwas Salz bestreuen und 30 Minuten ziehen lassen.

2 Die Tomaten mit kochendem Wasser überbrühen, abziehen und die Stielansätze entfernen. Das Fruchtfleisch halbieren, entkernen und grob hacken. Die Oliven entsteinen und hacken. Den Knoblauch abziehen und fein, die Kapern grob hacken.

3 Die Auberginenwürfel abspülen und mit Küchenpapier trockentupfen. Das Olivenöl erhitzen und die Auberginenwürfel darin bei mittlerer Hitze in 7 bis 10 Minuten braun braten. Tomatenstücke, gehackte Oliven, Knoblauch und Kapern zugeben und alles bei schwacher Hitze etwa 5 Minuten garen. Die Mischung mit Salz und Pfeffer würzen, in eine Schüssel füllen und abkühlen lassen.

4 Die Basilikumstängel waschen, trockenschwenken, die Spitzen beiseite stellen und die Blättchen grob hacken. Gehacktes Basilikum und Oregano unter das Gemüse mischen, mit den Basilikumspitzen garnieren und servieren.

TIPP
»Wichtig«, sagt Ada, die ein kleines Restaurant in Tropea führt, »ist es, die Auberginenwürfel kräftig anzubraten, sonst schmecken sie langweilig!« Reichen Sie dazu einen nicht zu schweren, weichen Rotwein, zum Beispiel einen Cirò rosso aus Kalabrien oder einen Merlot aus dem Veneto.

Aus der Lombardei

LAUCHOMELETT MIT BALSAMICO
[FRITTATINA CON PORRI ALL'ACETO BALSAMICO]

Für 4 Portionen

1 Stange Lauch (400 g)
1 EL Butter
6 Eier (Gew.-Kl. M)
Salz, schwarzer Pfeffer
4 EL Olivenöl extra nativ
1 EL Aceto balsamico

Zubereitungszeit: ca. 20 Minuten

1 Den Lauch putzen, längs aufschneiden und gründlich waschen. Abtropfen lassen und in dünne Ringe schneiden. Die Butter erhitzen und den Lauch darin bei mittlerer Hitze in etwa 7 Minuten weich dünsten. Etwas abkühlen lassen.

2 Die Eier in einer Schüssel verschlagen, mit Salz und Pfeffer würzen und mit dem Lauch vermischen.

3 In einer kleinen Pfanne jeweils 1 Esslöffel Olivenöl erhitzen und 1 Schöpflöffel Eiermasse hineingießen. Diese 3 Minuten braten, bis die Oberfläche gestockt ist, mit Hilfe eines flachen Deckels wenden und weitere 2 Minuten auf der anderen Seite braten. Mit einigen Tropfen Aceto balsamico beträufeln und warm servieren.

> **TIPP**
> Wenn Sie das Omelett als kleinen Snack zu Wein reichen wollen, lassen Sie es erkalten, schneiden es in Tortenstücke, rollen die Stücke auf und stecken sie mit einem Holzspieß fest.

Raffiniert

Brokkoli mit geräuchertem Provolone
[Broccoli con provolone affumicato]

Für 4 Portionen

750 g Brokkoli
Salz
3 EL Zitronensaft
3 EL Olivenöl
2–3 Knoblauchzehen
350 g Tomaten
schwarzer Pfeffer
75 g grob geriebener geräucherter Provolone

Zubereitungszeit: ca. 30 Minuten

1 Den Brokkoli waschen, putzen und längs zerteilen. Die Stängel schälen. Brokkoli in 500 Milliliter Wasser mit 1 kleinen Prise Salz, dem Zitronensaft und dem Olivenöl 7 Minuten kochen.

2 Den Backofen auf 250 °C (Gas Stufe 6, Umluft 230 °C) vorheizen. Den Brokkoli auf eine ofenfeste Platte heben. Den Sud bis auf etwa 100 Milliliter einkochen und über den Brokkoli gießen.

3 Den Knoblauch abziehen und fein hacken. Die Tomaten mit kochendem Wasser überbrühen, abziehen und von den Stielansätzen befreien. Das Fruchtfleisch halbieren, entkernen und würfeln.

4 Tomaten und Knoblauch über den Brokkoli verteilen. Mit Salz und Pfeffer würzen. Den geraspelten Provolone darüber streuen und den Brokkoli im heißen Ofen 7 bis 10 Minuten überbacken, bis der Käse zerlaufen ist. Heiß servieren.

Nicht ganz billig

POCHIERTE EIER MIT FONDUTA UND TRÜFFEL
[UOVA CON FONDUTA TRIFOLATA]

Für 4 Portionen

Für die pochierten Eier
1 EL Essig
4 ganz frische Eier (Gew.-Kl. M)
Für die Fonduta
200 g Fontina (ersatzweise Bergkäse oder Emmentaler)
150 ml Milch
1 leicht gehäufter TL Speisestärke
2 Eigelbe (Eier Gew.-Kl. M)
Salz, weißer Pfeffer
Wahlweise
6 g frische weiße Trüffel, gewaschen und gebürstet, oder etwas Trüffelöl

Zubereitungszeit: ca. 30 Minuten

1 Für die Eier 1,5 Liter Wasser mit dem Essig zum Sieden bringen. Die Eier einzeln in eine Schöpfkelle aufschlagen und in das siedende Essigwasser gleiten lassen. Die Eier 4 bis 5 Minuten garen, herausheben und abtropfen lassen.

2 Für die Fonduta den Käse grob reiben, in eine Kasserolle füllen und mit 250 Milliliter heißem Wasser übergießen. 1 Minute ziehen lassen und das Wasser wieder abgießen.

3 Die Milch mit Speisestärke verrühren, zu dem Käse gießen und den Fontina unter ständigem Rühren schmelzen.

4 Den Topf vom Herd nehmen und die Eigelbe nacheinander unterrühren. Wieder auf den Herd stellen und unter ständigem Rühren erhitzen, bis die Käsesauce dick wird – sie darf auf keinen Fall kochen, sonst gerinnen die Eigelbe. Mit Salz und Pfeffer abschmecken.

5 Die pochierten Eier in vier tiefe Teller setzen und mit der heißen Fonduta übergießen. Die Trüffel hauchdünn darüber hobeln oder etwas Trüffelöl darüber träufeln und das Gericht sofort servieren.

> **TIPP**
> Zur Trüffelzeit ist Gianfranco, der eine Trattoria in Alba führt, kaum zu bremsen – täglich erfindet er neue, köstliche Rezepte mit weißen Trüffeln. Trinken Sie dazu einen kräftigen, nicht zu säurereichen Weißwein, zum Beispiel einen Arneis aus Langhe im Piemont.

Aus Südtirol

GEBRATENE ZUCCHINI MIT NÜSSEN UND SCHINKEN
[ZUCCHINI FRITTE CON NOCI E PROSCIUTTO]

Für 4 Portionen

500 g Zucchini
Olivenöl zum Braten
Salz, schwarzer Pfeffer
30 g Walnusskerne
2 Schalotten
2 Knoblauchzehen
1 EL Butter
200 ml Gemüsefond
200 g Sahne
1 Prise gemahlener Safran
100 g Südtiroler Schinken in dünnen Scheiben

Zubereitungszeit: ca. 45 Minuten

1 Den Backofen auf 75 °C (Gas Stufe 1) vorheizen. Die Zucchini waschen und in 5 mm dicke Scheiben schneiden. In einer Pfanne jeweils etwas Olivenöl erhitzen und die Zucchinischeiben darin bei mittlerer Hitze portionsweise auf beiden Seiten hellbraun braten. Auf Küchenpapier abtropfen lassen, mit Salz und Pfeffer würzen und im Ofen warm halten.

2 Die Walnusskerne grob hacken. Schalotten und Knoblauch abziehen und fein würfeln. Die Butter erhitzen, Schalotten und Knoblauch darin hell andünsten. Mit Gemüsefond und Sahne aufgießen und bei starker Hitze 5 Minuten einkochen. Den Safran zugeben und mit Salz und Pfeffer abschmecken.

3 Die Sauce als Spiegel auf vorgewärmte Teller gießen, die gebratenen Zucchinischeiben darauf legen und mit den gehackten Walnusskernen bestreuen. Die Schinkenscheiben daneben anrichten und das Gericht sofort servieren.

Aus Sizilien

ÜBERBACKENE ARTISCHOCKEN
[Carciofi gratinati]

Für 4 Portionen

6 kleine längliche Artischocken
1 EL Zitronensaft
Salz
70 g geriebener Pecorino oder Parmesan
5 EL Semmelbrösel
6 EL Sahne
1 Knoblauchzehe
schwarzer Pfeffer
3 EL Butter
300 g Tomatenpüree (Passata di pomodoro)

Zubereitungszeit: ca. 45 Minuten

1 Die Artischocken waschen. Mit einer Schere die Blätter bis zum fleischigen Teil abschneiden. Die Stiele auf 4 bis 5 cm kürzen und schälen. Die Artischocken längs halbieren und das »Heu« mit einem Kugelausstecher entfernen. Die Artischockenhälften sofort in Wasser mit Zitronensaft legen. Wenn alle geputzt sind, das Wasser salzen, aufkochen und die Artischocken 15 bis 20 Minuten zugedeckt garen.

2 Den Backofen auf 220 °C (Gas Stufe 4–5, Umluft 200 °C) vorheizen. Den Pecorino mit 2 Esslöffeln Semmelbrösel und der Sahne vermischen. Den Knoblauch abziehen, durch die Presse drücken und dazugeben. Mit Pfeffer würzen.

3 Die Artischocken abgießen und abtropfen lassen. In eine flache Auflaufform legen und mit der Käsemischung füllen. Die restlichen Semmelbrösel darüber streuen und die Butter in Flocken darauf verteilen. Das Tomatenpüree mit Salz und Pfeffer würzen und um die Artischocken herumgießen. Die Artischocken auf der obersten Schiene in den heißen Ofen schieben und etwa 15 Minuten backen, bis die Brösel leicht gebräunt sind. Heiß servieren.

> **TIPP**
> Gordana aus Sizilien, die in München ein liebenswertes Restaurant führt, serviert dieses Gericht immer mit Olivenbrot und einem trockenen, duftigen Weißwein, einem Bianco sicilia.

Aus Ischia

AUBERGINENTÜRMCHEN
[MELANZANE PARMIGIANA]

Für 4 Portionen

2 mittelgroße Auberginen (450 g)
Salz
4–6 EL Olivenöl und Öl zum Beträufeln
2 Fleischtomaten
1 Kugel Büffelmozzarella (à 150 g)
1 Knoblauchzehe
Fett für die Form
schwarzer Pfeffer
etwa 8 Basilikumblättchen

Arbeitszeit: ca. 45 Minuten
Zeit zum Ziehen: ca. 20 Minuten

1 Die Auberginen waschen und quer in 1 cm dicke Scheiben schneiden. Mit Salz bestreuen und 20 Minuten ziehen lassen.

2 In einer beschichteten Pfanne etwas Olivenöl erhitzen. Die Auberginenscheiben trockentupfen und portionsweise bei mittlerer Hitze auf jeder Seite etwa 7 Minuten braten. Auf Küchenpapier abtropfen lassen.

3 Den Backofen auf 220 °C (Gas Stufe 4–5, Umluft 200 °C) vorheizen. Die Tomaten in 1 cm dicke Scheiben schneiden. Die Mozzarella in 5 mm dicke Scheiben schneiden. Den Knoblauch abziehen.

4 Eine Auflaufform fetten. Die Hälfte der Auberginen hineinlegen, jeweils mit 1 Tomatenscheibe bedecken, mit Salz und Pfeffer würzen. Knoblauch durch die Presse drücken, darüber geben und je 1 Basilikumblättchen darauf legen. Mit je 1 Auberginenscheibe belegen, 1 Scheibe Mozzarella darauf geben, leicht salzen und mit etwas Öl beträufeln.

5 Die Türmchen im heißen Ofen auf mittlerer Schiene 15 Minuten backen, bis die Mozzarella leicht gebräunt ist. Warm oder kalt servieren.

Keine Lust zu kochen?
Insalata alla casa: Salate zum Appetitmachen oder Sattessen

Auch bei uns gibt es einen Sommer. Manchmal beschert er uns sogar so warme Tage, dass ich keine Lust auf ein warmes Essen habe. Dann schätze ich die italienische Erfindung, dass »Insalata« auch einmal ein leichtes Hauptgericht sein kann und nicht nur eine Vorspeise. Das Prinzip ist so einfach wie genial: Kombinieren Sie frische Blattsalate und frisches Gemüse mit sättigenden Zutaten wie Thunfisch, Oliven, Käse und Eiern, die man am besten immer auf Vorrat hat. Bunt angerichtet, so dass einem die Frische regelrecht ins Auge springt, und erst am Tisch mit Essig und Öl beträufelt – fertig ist das Essen, das für die Leichtigkeit eines schönen Sommertages wie geschaffen ist.

Bunte Appetitanreger
»A Fantasia«

Was der Markt gerade zu bieten hat – das ist das Geheimnis, auf das die italienischen Köche zurückgreifen, wenn sie einen Salat zusammenstellen. Sich von einem kleinen Spaziergang über den Markt inspirieren zu lassen und sich nach dem zu richten, was frisch und verlockend angeboten wird – damit sind Sie auf dem richtigen Weg. Knackig frische Blattsalate, sonnengereifte Tomaten und schmackhaftes Gemüse, dazu eine originelle Idee, so komponieren Sie traumhaft leichte Salate. Die »Nuova Cucina« wartet für Sie mit einigen Kreationen auf, die so frisch und fruchtig sind, dass es nicht nur eine Freude ist, sie zu genießen, sondern auch, sie zusammenzustellen. Bereiten Sie die Salate immer erst kurz vor dem Servieren zu!

Preiswert

Orangen-Chicorée-Salat
[Insalata belga con arance]

Für 4 Portionen

2 Orangen
2–3 Chicoréestauden
1 Prise gemahlener Peperoncino oder Cayennepfeffer
2 EL Weißweinessig
Salz
4 EL Olivenöl
30 g Walnusskerne
6 schwarze Oliven

Zubereitungszeit: ca. 20 Minuten

1 Die Orangen mit einem scharfen Messer so schälen, dass auch die weiße Haut entfernt ist. Das Fruchtfleisch quer in ganz dünne Scheiben schneiden, dabei den Saft auffangen.

2 Die Chicoréestauden waschen, putzen und in dünne Scheiben schneiden.

3 Orangen- und Chicoréescheiben locker auf Vorspeisetellern anrichten und mit gemahlenem Peperoncino bestreuen. Den Essig mit dem aufgefangenen Orangensaft und Salz verrühren, das Olivenöl unterschlagen und die Sauce über den Salat träufeln. Die Walnusskerne grob hacken, über den Salat streuen und diesen mit schwarzen Oliven garnieren.

TIPP
Besonders dekorativ sieht dieser vitaminreiche Salat mit Blutorangen aus, die im Februar und März erhältlich sind.

Preiswert

GRÜNER SALAT MIT KARTOFFELWÜRFELCHEN
[MISTICANZA CON CROSTINI DI PATATE]

Für 4 Portionen

250 g gemischte grüne Salatsorten und Wildkräuter (Romanasalat, zarte Spinatblätter, Rucola, Brunnenkresse, Sauerampfer, Löwenzahn, Bärlauch)
400 g Tomaten
300 g fest kochende Kartoffeln
Olivenöl zum Frittieren
Salz, schwarzer Pfeffer
2 EL Weißweinessig
2 EL Olivenöl extra nativ

Zubereitungszeit: ca. 40 Minuten

1 Salatblätter und Wildkräuter verlesen und in stehendem Wasser gründlich waschen. Abtropfen lassen und größere Blätter in Stücke zerzupfen. Die Tomaten waschen, vom Stielansatz befreien, in Scheiben schneiden und auf Teller verteilen. Die Salate und Wildkräuter darauf anrichten.

2 Die Kartoffeln schälen, in 1 cm große Würfel schneiden und mit Küchenpapier trockentupfen. Das Olivenöl etwa 3 cm hoch in eine Kasserolle füllen und erhitzen, bis ein hineingetauchtes Holzstäbchen Blasen wirft. Die Kartoffelwürfel hineingeben und bei mittlerer Hitze in 5 bis 7 Minuten hellbraun frittieren. Mit einem Schaumlöffel herausheben und auf Küchenpapier abtropfen lassen. Leicht mit Salz und Pfeffer würzen.

3 Die Salatblätter salzen, pfeffern und mit Essig und Olivenöl beträufeln. Die heißen Kartoffelwürfel darauf anrichten und sofort servieren.

> **TIPP**
> Die Kartoffelcrostini schmecken noch würziger, wenn Sie erst 1 zerdrückte Knoblauchzehe im Öl anbraten und wieder herausnehmen.

Schnell

MANGOLDSALAT MIT PINIENKERNEN
[INSALATA DI BIETOLE CON PINOLI]

1 Den Mangold waschen, putzen, die Stängel ablösen und die Enden abschneiden. Die Stängel quer in 3 cm breite Streifen schneiden. Die Blätter in ebenso breite Streifen schneiden.

2 Reichlich Salzwasser aufkochen. Die Mangoldstängel etwa 3 Minuten darin sprudelnd kochen, die Blätter zugeben und beides zusammen weitere 4 bis 5 Minuten kochen. In ein Sieb gießen, kalt abschrecken und gut abtropfen lassen.

3 Die Knoblauchzehen abziehen und fein hacken. Das Olivenöl erhitzen, den Knoblauch zugeben und kurz andünsten. Die Pinienkerne hinzufügen und etwa 3 Minuten braten, bis sie leicht gebräunt sind. Vom Herd nehmen.

4 Den Mangold auf einer Platte anrichten und mit Salz und Pfeffer würzen. Mit Essig begießen und das noch heiße Knoblauch-Pinienkern-Olivenöl darüber träufeln. Sofort servieren.

Für 4 Portionen

1 Staude Mangold (500 g)
Salz
2 Knoblauchzehen
3 EL Olivenöl extra nativ
2 EL Pinienkerne
schwarzer Pfeffer
2 EL milder Weißweinessig

Zubereitungszeit: ca. 25 Minuten

TIPP
Wenn Sie Käse lieben, bestreuen Sie den Salat mit 50 Gramm frisch geriebenem Parmesan. Auf die Pinienkerne können Sie in diesem Fall verzichten.

Aus Sizilien

TOMATENSALAT IM BRÖTCHEN
[INSALATA DI POMODORI IN PANINI]

Für 4 Portionen

4 längliche Brötchen (Panini)
250 g reife feste Tomaten
1 milde weiße Zwiebel
1 kleine Gärtnergurke
1 frische rote Chilischote
3 Stängel Basilikum
1 EL Balsamico bianco
Salz, schwarzer Pfeffer
3 EL Olivenöl extra nativ

Zubereitungszeit: ca. 25 Minuten

1 Von den Brötchen einen Deckel abschneiden und die Krume aushöhlen (anderweitig verwenden).

2 Die Tomaten waschen, vom Stielansatz befreien und in kleine Stücke schneiden. Die Zwiebel abziehen und grob würfeln. Die Gurke waschen und ungeschält würfeln. Die Chilischote längs aufschlitzen, unter fließendem Wasser entkernen, putzen und klein würfeln. Das Basilikum waschen und trockenschwenken. Die Blättchen abzupfen und in Streifen schneiden.

3 Die vorbereiteten Salatzutaten mit Essig, Salz, Pfeffer und Olivenöl vermischen und in die Brötchen füllen. Die Deckel auflegen und die Brötchen sofort servieren.

TIPP
Marco, Heimatforscher auf Sizilien, erzählte mir, dass dieser Salat früher in kleine, ausgehöhlte Brote mit fester Kruste gefüllt und zur Arbeit auf dem Feld mitgenommen wurde – eine praktische Idee für ein Picknick.

Für Gäste

Tomaten-Rucola-Salat mit Steinpilzen
[Insalata di pomodori e rucola con porcini]

Für 4 Portionen

125 g Rucola (2 Bund)
500 g reife Tomaten
Salz, schwarzer Pfeffer
200 g frische Steinpilze
4 EL Olivenöl
3 EL Weißweinessig
2 EL gehackte Petersilie

Zubereitungszeit: ca. 30 Minuten

1 Die Rucola waschen, putzen und trockenschwenken. In 3 cm lange Stücke schneiden und auf einer Platte anrichten. Die Tomaten waschen, vom Stielansatz befreien und in Scheiben schneiden. Auf die Rucolablätter verteilen und leicht mit Salz und Pfeffer würzen.

2 Die Steinpilze säubern und in dünne Scheiben schneiden. In einer Pfanne das Olivenöl erhitzen und die Pilzscheiben darin bei mittlerer Hitze auf beiden Seiten in etwa 5 Minuten leicht anbräunen. Mit Salz und Pfeffer würzen. Aus der Pfanne heben und auf die Tomatenscheiben legen.

3 Den Bratfond mit Essig ablöschen, einmal aufkochen und über den Salat träufeln. Mit gehackter Petersilie bestreuen und den Salat sofort servieren.

Aus Kalabrien

ROTER ZWIEBELSALAT MIT MINZE
[INSALATA DI CIPOLLE CON MENTA]

Für 4 Portionen

700 g rote Zwiebeln
4 Stängel frische Minze
Salz
4 EL Weißweinessig
schwarzer Pfeffer
1 Prise Zucker
5 EL Olivenöl extra nativ
50 g schwarze Oliven

Zubereitungszeit: ca. 50 Minuten

1 Die roten Zwiebeln abziehen und in nicht zu dünne Scheiben schneiden oder hobeln. Die Minzestängel waschen. 1 Liter Wasser mit Salz und 1 Esslöffel Essig aufkochen und die Zwiebelscheiben sowie die Minzestängel 3 bis 5 Minuten überbrühen. In ein Sieb gießen und abtropfen lassen.

2 In einer Schüssel den restlichen Essig mit Salz, Pfeffer und Zucker verrühren, bis sich das Salz aufgelöst hat. Das Olivenöl unterschlagen, so dass eine cremige Sauce entsteht. Die überbrühten Zwiebeln und Minzestängel in der Sauce wenden. Die Oliven entsteinen und unter den Zwiebelsalat mischen. Etwa 30 Minuten ziehen lassen.

TIPP
Pino, der ein kleines Restaurant in S. Nicolò in Kalabrien führt, servierte diesen Zwiebelsalat oft mit anderen Vorspeisen, zum Beispiel mit gekochten Bohnen, Auberginenröllchen, Käse und scharfer Wurst.

Originell

Fenchelsalat mit Pfirsich und Schinken
[Insalata di finocchio con pesche e prosciutto]

Für 4 Portionen

2 reife, aber noch feste Pfirsiche
2 große Tomaten
2 kleine Fenchelknollen
mit Grün (300 g)
4 EL Zitronensaft
Salz, schwarzer Pfeffer
3 EL Olivenöl extra nativ
100 g Parma- oder San-Daniele-Schinken in dünnen Scheiben

Zubereitungszeit: ca. 30 Minuten

1 Die Pfirsiche und die Tomaten kurz mit kochendem Wasser überbrühen und abziehen. Die Pfirsiche halbieren und entsteinen. Das Fruchtfleisch in Spalten schneiden. Die Tomaten vom Stielansatz befreien und in Scheiben schneiden.

2 Die Fenchelknollen waschen, putzen und das Fenchelgrün beiseite legen. Die Knollen in dünne Scheiben schneiden. Sofort mit etwas Zitronensaft beträufeln.

3 Das Fenchelgrün fein hacken und mit restlichem Zitronensaft, Salz und Pfeffer verrühren. Das Olivenöl unterschlagen.

4 Die Fenchel- und Tomatenscheiben abwechselnd mit den Pfirsichspalten auf Tellern anrichten, leicht mit Salz und Pfeffer würzen und mit der Salatsauce übergießen. Die Schinkenscheiben locker aufrollen und auf dem Salat anrichten. Sofort servieren.

Für Gelüste zwischendurch

Wieder einmal treibt Sie der Appetit an den Kühlschrank. Aber der erste Eindruck ist nicht sehr vielversprechend, es sind nur Tomaten, Gurken und altes Brot da … Sie sind nicht der Erste, dem es so ergeht, schon andere hatten dieses Problem zu bewältigen. Findige Italiener kreierten in dieser Notlage den »spuntino«, den kleinen Happen, zum Beispiel einen Salat als Imbiss oder kleine Mahlzeit. Doch längst hat er sein Image als Resteverwertung verloren und wird mit Fisch und Fleisch fantasievoll aufgewertet. Wenn Ihnen ein Menü mit einem Pastagang zu schwer ist, hier ist Ihr Retter: Ein kleiner Salat, der etwas mehr zu bieten hat als ein paar grüne Blätter, ist ein idealer leichter Zwischengang.

Geht schnell

KNUSPRIGER UMBRISCHER BROTSALAT
[PANZANELLA]

Für 4 Portionen

1 kleine Salatgurke
2 reife Fleischtomaten (350 g)
4 Lauchzwiebeln
je 1 Bund Basilikum und
glatte Petersilie
1 EL Kapern
2 EL Himbeeressig
5 EL Olivenöl extra nativ
Salz, schwarzer Pfeffer
150 g altbackenes italienisches
Weißbrot
1 Knoblauchzehe

Zubereitungszeit: ca. 20 Minuten

1 Die Gurke schälen, längs halbieren und die Kerne mit einem Löffel herauskratzen. Die Gurke in etwa 1 cm große Würfel schneiden.

2 Die Tomaten waschen, vom Stielansatz befreien und in 1 cm große Würfel schneiden. Die Lauchzwiebeln waschen, putzen und in feine Scheiben schneiden. Die Kräuter waschen, trockenschwenken, die Blättchen abzupfen und grob hacken.

3 Gurken- und Tomatenwürfel, Lauchzwiebeln, Kräuter und Kapern in eine Schüssel geben. Mit Essig, 3 Esslöffeln Olivenöl, Salz und Pfeffer anmachen.

4 Das Weißbrot entrinden und in 1 cm große Würfel schneiden. Das restliche Olivenöl erhitzen. Die Knoblauchzehe ungeschält mit der flachen Seite eines Messers zerdrücken und im Öl kurz andünsten, bis der Knoblauch leicht gebräunt ist. Den Knoblauch entfernen. Die Brotwürfel in dem gewürzten Öl unter ständigem Wenden rundum nussbraun braten und heiß unter den Salat mischen. Sofort servieren.

> **TIPP**
> Traditionell wird das Brot in Wasser eingeweicht und dann in Stücke zerpflückt. Ich persönlich bevorzuge den Salat mit geröstetem Brot.

Für Gäste

AUBERGINENRÖLLCHEN MIT MOZZARELLA UND RUCOLA
[INVOLTINI DI MELANZANE CON MOZZARELLA E RUCOLA]

Für 4 Portionen

2 mittelgroße Auberginen
Salz
Olivenöl zum Braten
1 Kugel Büffelmozzarella (à 150 g)
100 g Rucola
schwarzer Pfeffer
200 g Tomaten
etwa 2 Hand voll bunte Salate
(Radicchio, Frisée- und Romanasalat)
1/2 EL Aceto balsamico
1 EL Weißweinessig
2 EL Olivenöl extra nativ

Arbeitszeit: ca. 45 Minuten
Marinierzeit: ca. 30 Minuten

1 Auberginen längs in 5 mm dicke Scheiben schneiden, salzen und etwa 30 Minuten ziehen lassen.

2 Die Auberginenscheiben abspülen und trockentupfen. Etwas Olivenöl erhitzen, die Auberginenscheiben darin portionsweise auf beiden Seiten hellbraun braten und auf Küchenpapier abtropfen lassen. Mozzarella in kleine Stücke schneiden. Rucola grob zerschneiden. Beides mit Salz, Pfeffer und einigen Tropfen Aceto balsamico vermischen. Jeweils etwas Füllung auf 1 Auberginenscheibe legen und aufrollen.

3 Tomaten waschen, vom Stielansatz befreien und würfeln. Die Salate waschen und zerpflücken. Salate und Tomaten anrichten. Essig, Salz, Pfeffer und Olivenöl verquirlen und über den Salat träufeln. Die Auberginenröllchen darauf anrichten.

Originell

ZUNGE MIT KARTOFFELN UND KRESSE
[LINGUA CON PATATE E CRESCIONE]

Für 4 Portionen

4 mittelgroße fest kochende Kartoffeln
1 EL Butter
Salz
1 Bund Brunnenkresse
1 Schalotte
2 EL Weißweinessig
4 EL Olivenöl extra nativ
schwarzer Pfeffer
1 EL Schnittlauchröllchen
100 g Zungenaufschnitt
nach Belieben Kapuzinerkresseblüten zum Garnieren

Zubereitungszeit: ca. 30 Minuten

1 Die Kartoffeln schälen und in etwa 3 mm dicke Scheiben schneiden. Die Scheiben in kaltem Wasser waschen. In einem breiten Topf die Butter zerlassen, die Kartoffelscheiben hineinlegen, knapp mit Wasser bedecken, salzen und etwa 10 Minuten zugedeckt bei schwacher Hitze kochen.

2 Die Brunnenkresse gründlich waschen und abtropfen lassen. Die Blättchen abzupfen.

3 Die Schalotte abziehen, fein würfeln und mit Essig, Olivenöl, Salz und Pfeffer verquirlen. Die Schnittlauchröllchen untermischen.

4 Die gegarten Kartoffelscheiben abtropfen lassen und abwechselnd mit den Zungenscheiben auf Tellern anrichten. In die Mitte die Brunnenkresseblättchen streuen. Alles mit der Salatsauce beträufeln, nach Belieben mit Kapuzinerkresseblüten garnieren und servieren.

TIPP
Wenn von Mai bis September die Zeit der Kapuzinerkresse ist, bereite ich den Salat mit deren Blättern zu. Ihr pfeffrig-würziger Geschmack harmoniert ausgezeichnet mit der Zunge.

Für Gäste

HÄHNCHENBRUST AUF SALATBETT
[PETTO DI POLLO IN GIARDINO]

Für 4 Portionen

2 Hähnchenbrustfilets (250 g)
Salz, Pfeffer
75 g bunte Blattsalate (Romana, Radicchio, Catalogna, Brunnenkresse)
2 reife Tomaten
je 1 EL Butter und Olivenöl
150 ml trockener Weißwein
1 EL mittelscharfer Senf
4 EL Sahne
1/2 TL gehackte Rosmarinnadeln
1 EL Himbeer- oder Kräuteressig

Zubereitungszeit: ca. 45 Minuten

1 Die Hähnchenfilets mit Salz und Pfeffer würzen. Den Backofen auf 75 °C (Gas Stufe 1) vorheizen.

2 Die Salate waschen und trockentupfen. Auf Tellern auslegen. Die Tomaten waschen, vom Stielansatz befreien und in kleine Würfel schneiden. Über die Blattsalate streuen.

3 Die Butter mit dem Olivenöl erhitzen und die Hähnchenfilets darin bei mittlerer Hitze auf jeder Seite etwa 3 Minuten braten. Mit dem Wein ablöschen und 3 bis 4 Minuten kochen. Die Hähnchenfilets herausheben und im vorgeheizten Ofen warm stellen.

4 Den Weinfond mit Senf, Sahne und Rosmarinnadeln verrühren und bei mittlerer Hitze in etwa 7 Minuten auf etwa 4 Esslöffel Flüssigkeit einkochen. Mit Salz und Pfeffer abschmecken.

5 Den Salat leicht mit Salz und Pfeffer würzen und mit Essig beträufeln. Die Hähnchenfilets in dünne Scheiben schneiden und fächerartig auf dem Salat anrichten. Mit jeweils 1 Esslöffel Senfsauce übergießen und sofort servieren.

TIPP
Wenn Sie Ihre Gäste besonders verwöhnen wollen, machen Sie es wie mein Freund Gigetto. Er bereitete diesen Salat mit ausgelösten Perlhuhnbrüsten zu.

Aus Sizilien

HÄHNCHENLEBER AUF ORANGENSALAT
[FEGATINI DI POLLO SU INSALATA DI ARANCE]

Für 4 Portionen

250 g Hähnchenleber
2 Orangen
2 milde rote Zwiebeln
1 kleine Fenchelknolle
2 Knoblauchzehen
1 EL fein gehackte Petersilie
1/2 TL getrockneter Oregano
Salz, schwarzer Pfeffer
1 EL Zitronensaft
4 EL Olivenöl extra nativ
2 EL Butter
1 EL Pflanzenöl

Zubereitungszeit: ca. 35 Minuten

1 Die Hähnchenleber waschen, putzen und trockentupfen.

2 Die Orangen mit dem Messer so schälen, dass auch die weiße Haut entfernt ist, und quer in dünne Scheiben schneiden, dabei den Saft auffangen. Die Zwiebeln abziehen, in dünne Scheiben schneiden und in Ringe aufblättern. Den Fenchel halbieren, waschen, putzen, in dünne Scheiben schneiden und ebenfalls aufblättern. Orangenscheiben, Zwiebeln und Fenchel locker auf Tellern anrichten.

3 Den Knoblauch abziehen und fein hacken, mit Petersilie, Oregano, Salz, Pfeffer, Zitronensaft und aufgefangenem Orangensaft in einen Mixbecher geben und kräftig schütteln, bis sich das Salz aufgelöst hat. Das Olivenöl zugeben und nochmals schütteln, bis sich die Zutaten verbunden haben. Die Sauce über den Salat träufeln.

4 Die Butter mit Pflanzenöl erhitzen. Die Hähnchenlebern bei starker Hitze rundum anbräunen, bis kein roter Fleischsaft mehr austritt. Mit Salz und Pfeffer würzen, auf dem Salat anrichten und servieren.

TIPP
Viele sizilianische Köche löschen die Sauce noch mit einem kleinen Schuss Marsala secco ab.

Originell

Gebratene Tintenfische mit Zuckererbsen
[Seppioline con piselli verdi]

Für 4 Portionen

650 g kleine TK-Tintenfische (Seppioline)
300 g Zuckererbsen (Kaiserschoten)
Salz
4 EL Zitronensaft
schwarzer Pfeffer
1 TL scharfer Senf
1/2 TL gemahlener Koriander
100 ml ungefiltertes Olivenöl extra nativ

Zubereitungszeit: ca. 30 Minuten

1 Die Tintenfische innen und außen waschen, eventuell die Haut abziehen. Die Zuckererbsen waschen, putzen und der Länge nach in 3 mm schmale Streifen schneiden. Reichlich Salzwasser aufkochen und die Zuckererbsen 1 Minute darin blanchieren, mit einem Schaumlöffel herausheben, eiskalt abschrecken und abtropfen lassen. Im kochenden Wasser die Seppioline 1 Minute überbrühen, in ein Sieb gießen und auf Küchenpapier abtropfen lassen.

2 Für die Sauce Zitronensaft mit Salz, Pfeffer, Senf, Koriander und 70 Milliliter Olivenöl cremig verrühren.

3 Das restliche Olivenöl erhitzen, die Tintenfische darin bei starker Hitze unter ständigem Wenden in 2 bis 3 Minuten leicht braun braten und etwas salzen. Aus der Pfanne heben und die Zuckererbsen im verbliebenen Öl erhitzen. Die Zuckererbsen auf Tellern anrichten, die Tintenfische darum herum verteilen, beides mit der Zitronensauce beträufeln und warm servieren.

Für Gäste

Durchgedrückte Kartoffeln mit Gambas
[Schiacciata di patate con gamberi]

Für 4 Portionen

Für die Kartoffeln
700 g vorwiegend fest kochende Kartoffeln
Salz

Für die Vinaigrette
2 EL Aceto balsamico
Salz, schwarzer Pfeffer
4 EL Olivenöl extra nativ
2 EL Schnittlauchröllchen

Für die Gambas
8 ungeschälte Riesengarnelen (etwa 350 g)
2 Knoblauchzehen
3 EL Olivenöl
Salz, Pfeffer

Zubereitungszeit: ca. 30 Minuten

1 Die Kartoffeln waschen, schälen, vierteln und in Salzwasser in etwa 20 Minuten gar kochen.

2 Für die Vinaigrette den Aceto balsamico mit Salz und Pfeffer verrühren, das Olivenöl unterschlagen und die Schnittlauchröllchen untermischen. Beiseite stellen.

3 Die Garnelen waschen, den Panzer am Rücken aufschneiden und ablösen (der Kopf bleibt am Körper). Am Rücken einschneiden und den Darmfaden entfernen. Den Knoblauch abziehen und in Scheibchen schneiden. In einer Pfanne das Olivenöl mit dem Knoblauch erhitzen und die Garnelen darin 1 bis 2 Minuten pro Seite braten. Mit Salz und Pfeffer würzen.

4 Die Kartoffeln abgießen und mit der Kartoffelpresse direkt auf vorgewärmte Teller pressen, so dass ein Berg aus spaghettiähnlichen Fäden entsteht. Die Gambas darauf anrichten und mit Vinaigrette beträufeln.

> **TIPP**
> Roberto, Koch aus Treviso, erzählte, die Schiacciata aus Kartoffeln sei eine alte venezianische Spezialität. Dazu servierte er einen nicht zu säurebetonten, fruchtigen Weißwein, einen Trebbiano d'Abruzzo.

Machen Hungrige glücklich –
Primi piatti

Wo kommen die Tugenden der italienischen Küche, sei es die traditionelle oder die »Nuova Cucina«, am besten zur Geltung? Natürlich bei den »Primi piatti«! Das ist zumindest meine bescheidene Meinung. Für mich sind die sättigenden Suppen oder Pastagerichte, die Risotti und Pizzen das interessanteste Kapitel italienischer Speisekarten. Denn wie die italienischen Köche es immer wieder schaffen, mit einfachen, oft preiswerten Zutaten ein solches Wohlgefühl im Magen zu erzeugen, ist wirklich verblüffend. Eigentlich sollen sie ja nur den größten Hunger stillen, aber die Vielfalt der Möglichkeiten – gerade für die »Nuova Cucina« eine bunte Spielwiese – bringt immer wieder erstaunliche Kreationen hervor, die dem Hauptgericht sogar den Rang ablaufen. Aber warum erst Konkurrenz schaffen? Auch als selbstständige Mahlzeit aufgetischt werden Sie von diesen Gerichten begeistert sein!

BEEINDRUCKENDE ALTERNATIVE –
ZUPPA UND MINESTRONE

Was einst als der Minestrone (männlich!), ein gehaltvoller Eintopf mit Hülsenfrüchten, Nudeln oder Kartoffeln, begann, hat sich heute zu der Minestra (weiblich!), einer leichten, eleganten Kreation, entwickelt. Abgespeckt im neuen Kleid hat die Minestra oder Zuppa einiges zu bieten, was ihre Klasse und ihre Originalität angeht. Vielleicht müssen Sie ab und zu etwas Aufwand in Kauf nehmen, aber wenn Sie diese flüssigen Köstlichkeiten anstelle eines Pastaganges servieren, werden Sie einen bleibenden Eindruck hinterlassen – Sie und Ihre Suppe.

Vegetarisch

Rote-Bete-Suppe mit Ricottanocken
[Zuppa di barbabietole con gnocchi di ricotta]

Für 4 Portionen

Für die Suppe
350 g Rote Beten
1 EL Butter
2 Nelken
je 1/2 TL Piment- und Pfefferkörner
Salz
750 ml Gemüsebrühe
Für die Nocken
100 g Ricotta
50 g Doppelrahmfrischkäse
30 g frisch geriebener Parmesan
Salz, weißer Pfeffer
Muskatnuss
Außerdem
1 EL Schnittlauchröllchen

Zubereitungszeit: ca. 35 Minuten

1 Die Roten Beten waschen, schälen und klein würfeln. Die Butter erhitzen und die Rote-Bete-Würfel 5 Minuten andünsten.

2 Die Gewürze im Mörser zerstoßen, über die Rote-Bete-Würfel streuen und mit der Brühe aufgießen. 20 Minuten zugedeckt bei schwacher Hitze garen.

3 Die Ricotta mit Frischkäse und Parmesan vermischen. Mit wenig Salz, Pfeffer und Muskat würzen. Mit zwei nassen Teelöffeln kleine Nocken formen.

4 Die Roten Beten im Topf mit dem Stabmixer pürieren, mit Salz und Pfeffer abschmecken und in Suppentassen verteilen. Jeweils einige Nocken darauf setzen und die Suppe mit Schnittlauch bestreut servieren.

> **TIPP**
> Im Juli gibt es kleine Rote Beten, mit denen die Suppe am besten schmeckt. Wenn Sie Rüben mit Blättern bekommen, können Sie diese wie Spinat zubereiten.

Braucht etwas Zeit

GEMÜSESUPPE MIT POLENTAKLÖSSCHEN
[MINESTRONE CON GNOCCHI DI POLENTA]

Für 4 Portionen

3 mittelgroße Kartoffeln
3 Möhren
2 Stangen Staudensellerie
1 Knoblauchzehe
4 EL Butter
gut 1 l Gemüsebrühe
100 g Instant-Polenta
250 ml Milch
1 Ei (Gew.-Kl. S)
50 g frisch geriebener Parmesan
Salz, weißer Pfeffer
geriebene Muskatnuss
250 g reife Tomaten
1 Dose dicke weiße Bohnen (250 g netto)
2 EL in Streifen geschnittene Basilikumblättchen

Zubereitungszeit: ca. 1 Stunde

1 Die Kartoffeln und Möhren waschen, schälen und klein würfeln. Den Staudensellerie waschen und in Stücke schneiden. Den Knoblauch abziehen und klein hacken.

2 Im Suppentopf die Hälfte der Butter erhitzen. Das Gemüse etwa 5 Minuten andünsten. Die Brühe zugießen und zugedeckt bei schwacher Hitze 30 Minuten garen.

3 Die restliche Butter erhitzen und die Polenta darin hell anrösten. Die Milch dazugießen und unter Rühren kochen, bis die Masse einen Kloß bildet. Abkühlen lassen. Das Ei und den Parmesan unterrühren. Die Masse mit Salz, Pfeffer und Muskat würzen.

4 Reichlich Wasser aufkochen. Die Tomaten waschen, im kochenden Wasser überbrühen und herausheben. Das Wasser salzen. Mit zwei nassen Teelöffeln kleine Klößchen von der Polenta abstechen und in das siedende Wasser streifen. Etwa 10 Minuten garen. Die Tomaten abziehen, von den Stielansätzen befreien, halbieren, entkernen und in Streifen schneiden. Die Bohnen abtropfen lassen und mit den Tomaten in die Suppe rühren. 5 Minuten erhitzen.

5 Die Suppe mit Salz und Pfeffer abschmecken, auf Teller verteilen, die Polentaklößchen einlegen und die Suppe mit Basilikum bestreut servieren.

Aus der Lombardei

Grüne Bohnensuppe mit Mangold
[Zuppa di fave e bietole]

1 Die Bohnenkerne aus den Hülsen lösen und die harten weißen Häute entfernen, dazu an der Beuge der Bohnenkerne die Haut mit dem Daumennagel einritzen und abziehen. Tk-Bohnenkerne zuvor etwa 20 Minuten auftauen lassen.

2 Den Mangold waschen und die Blätter abtrennen. Die Stängel entfädeln und in 5 cm lange Stücke schneiden.

3 Reichlich Wasser aufkochen. Salz zugeben und Bohnenkerne und Mangoldstängel 3 Minuten sprudelnd kochen. Die Blätter zugeben und weitere 2 Minuten kochen. Abgießen, kalt abschrecken und abtropfen lassen.

4 Die Tomaten mit kochendem Wasser überbrühen, abziehen, von den Stielansätzen befreien, halbieren, entkernen und in Stücke schneiden. Den Knoblauch abziehen.

5 Im Suppentopf 2 Esslöffel Olivenöl erhitzen, den Knoblauch durch die Presse drücken und mit gemahlenem Peperoncino zugeben. Die Hälfte der Bohnen und die Mangoldstängel hinzufügen, mit der Brühe aufgießen und mit dem Stabmixer glatt pürieren. Tomaten, übrige Bohnen und Mangoldblätter untermischen, mit Salz abschmecken und einmal aufkochen lassen. Das restliche Olivenöl einrühren und die Suppe servieren.

Für 4 Portionen

1 kg frische dicke Bohnen in der Hülse (Saubohnen) oder
350 g TK-Bohnenkerne
350 g Mangold
Salz
250 g reife Tomaten (möglichst Eiertomaten)
2 Knoblauchzehen
5 EL Olivenöl extra nativ
1 Prise gemahlener Peperoncino
750 ml Brühe

Zubereitungszeit: ca. 45 Minuten

TIPP
Frische dicke Bohnen gibt es bei uns ab Mai in italienischen oder türkischen Gemüseläden.

Für Gäste

HÄHNCHENFLAN IN BRÜHE
[BUDINO DI POLLO IN BRODO]

Für 4 Portionen

200 g Hähnchenbrustfilet
1 Ei (Gew.-Kl. S)
50 g Sahne
2 EL frisch geriebener Parmesan
Salz, weißer Pfeffer
1 Prise gemahlene Muskatnuss
Butter für die Förmchen
1 l klare Hühnerbrühe (am besten selbst gekocht)
2 EL Schnittlauchröllchen

Zubereitungszeit: ca. 30 Minuten

1 Den Backofen auf 200 °C (Gas Stufe 3–4, Umluft 180 °C) vorheizen. Das Hähnchenfilet mit Küchenpapier trockentupfen, würfeln und im Blitzhacker pürieren. Mit Ei, Sahne, Parmesan, Salz, Pfeffer und Muskat verrühren.

2 Vier kleine Förmchen oder Tassen ausbuttern, das Püree einfüllen und die Oberfläche glatt streichen. Die Förmchen in eine flache, ofenfeste Form stellen, seitlich so viel heißes Wasser angießen, dass die Förmchen zur Hälfte darin stehen. Auf mittlerer Schiene im heißen Ofen 20 Minuten garen.

3 Die Hühnerbrühe erhitzen. Die Flans kurz abkühlen lassen, eventuell den Rand der Masse mit einem spitzen Messer lösen und die Flans in Suppenteller stürzen. Mit der heißen Brühe übergießen und mit Schnittlauchröllchen bestreut servieren.

Aus Südtirol

KNOBLAUCHSUPPE MIT KRÄUTERN
[ZUPPA ALL'AGLIATA]

1 Die Knoblauchzehen schälen und grob zerschneiden. Mit den Mandeln im Mörser oder mit dem Blitzhacker fein pürieren.

2 Petersilien- und Fenchelblätter abzupfen. Im Suppentopf die Brühe mit dem Knoblauch-Mandel-Püree erhitzen. Lorbeerblatt, Thymianzweig, Petersilien- und Fenchelstängel zugeben. 15 Minuten kräftig kochen lassen.

3 Die Brühe durch ein Sieb gießen und zurück in den Topf geben. Petersilienblätter und Fenchelspitzen fein hacken, zur Brühe geben und mit Salz, Pfeffer und 1 Prise Muskat abschmecken.

4 Die Eigelbe mit der Sahne verquirlen, ein wenig heiße Brühe zugeben, unterrühren und die Mischung zur Suppe geben. Nur erhitzen, aber nicht kochen lassen.

5 Das Weißbrot entrinden und in kleine Würfel schneiden. In einer Pfanne das Olivenöl erhitzen und die Brotwürfelchen darin hellbraun braten. Die Suppe auf vier vorgewärmte Suppentassen verteilen und mit den gebratenen Brotwürfeln bestreut servieren.

Für 4 Portionen

4–6 Knoblauchzehen
50 g gemahlene Mandeln
1 kleines Bund Petersilie
1 Stängel Fenchelgrün
1 l kräftige Kalbsbrühe
1 Lorbeerblatt
1 Zweig Thymian
Salz, weißer Pfeffer
geriebene Muskatnuss
2 Eigelbe (Eier Gew.-Kl. M)
50 g Sahne
2 Scheiben Weißbrot
1 EL Olivenöl

Zubereitungszeit:
ca. 30 Minuten

> **TIPP**
> Bernhard, Küchenchef aus Südtirol, riet mir, nicht fertig gemahlene Mandeln zu verwenden, sondern die Suppe mit selbst geschälten und gemahlenen Mandelkernen zuzubereiten. Das verstärkt das Mandelaroma.

Aus dem Aostatal

KASTANIENSUPPE MIT REIS
[MINESTRA DI CASTAGNE E RISO]

Für 4 Portionen

400 g geschälte, gekochte Esskastanien (aus der Dose oder Vakuumpackung)
30 g Butter
1 l Gemüsebrühe
125 ml Weißwein
100 g Langkornreis
50 g Fontina oder Bergkäse aus Rohmilch
Salz, schwarzer Pfeffer
1/2 TL Zimtpulver

Zubereitungszeit: ca. 45 Minuten

1 4 Esskastanien beiseite legen. Die übrigen grob hacken. Im Suppentopf die Hälfte der Butter erhitzen und die gehackten Kastanien 5 Minuten bei mittlerer Hitze andünsten. Mit der Brühe und dem Wein aufgießen und 5 Minuten kochen. Die Kastanien mit dem Stabmixer glatt pürieren.

2 Den Reis einstreuen und etwa 15 Minuten bei schwacher Hitze kochen, bis der Reis gar ist.

3 Den Käse grob reiben und mit der restlichen Butter unter die Suppe rühren. Mit Salz und Pfeffer abschmecken. Die beiseite gelegten Esskastanien grob hacken. Die Suppe auf Teller verteilen, die gehackten Kastanien darüber streuen und mit Zimt überpudern. Sofort servieren.

TIPP
Sie können für die Suppe auch frische Maroni verwenden, wenn Ihnen das Schälen nicht zu viel Mühe macht. Dafür müssen Sie die kreuzweise eingeschnittenen Esskastanien im Ofen bei 200 °C etwa 30 Minuten garen und noch warm die harten Schalen und die pelzigen Innenhäute abziehen.

Für Gäste

FISCHSUPPE MIT GEMÜSE
[ZUPPA DI PESCE CON VERDURE]

Für 4 Portionen

500 g reife Tomaten
3 Möhren
500 g kleine Zucchini
2 Stangen Staudensellerie
2–3 Knoblauchzehen
3 EL Olivenöl extra nativ
400 g Fischfond (aus dem Glas)
100 ml Weißwein
1/2 unbehandelte Zitrone
Salz, schwarzer Pfeffer
1 Döschen Safranfäden
500 g Fischfilet (Seeteufel, Knurrhahn, Goldbarsch)
100 g kleine Garnelen (Shrimps)
2 EL gehackte Petersilie

Zubereitungszeit: ca. 35 Minuten

1 Die Tomaten überbrühen, abziehen, von den Stielansätzen befreien, entkernen und in Stücke schneiden. Die Möhren waschen, schälen und in dünne Scheiben schneiden. Die Zucchini waschen, putzen und in 1 cm dicke Scheiben schneiden. Den Staudensellerie waschen, putzen und in feine Streifen schneiden. Den Knoblauch abziehen und fein hacken.

2 Im Suppentopf 1 Esslöffel Olivenöl erhitzen und Knoblauch, Möhren, Zucchini und Sellerie darin 3 bis 4 Minuten andünsten. Fond, Wein und 300 Milliliter Wasser angießen, die Tomaten mit 2 Zitronenscheiben unterrühren und mit Salz, Pfeffer und Safran würzen. Bei mittlerer Hitze 10 Minuten kochen lassen.

3 Die Fischfilets in Stücke schneiden und mit den Garnelen und restlichem Olivenöl in den Eintopf rühren. 3 bis 4 Minuten ziehen lassen. Mit Zitronensaft, Salz und Pfeffer abschmecken. Mit Petersilie bestreut servieren.

Muschelsuppe mit Graupen
[Minestra cocciula e fregolina]

Für 4 Portionen

100 g Gerstengraupen
2 Knoblauchzehen
4 EL Olivenöl
750 ml Fisch- oder Gemüsebrühe
500 g reife Tomaten
1 Bund Petersilie
700 g Venusmuscheln
150 ml Weißwein
Salz, schwarzer Pfeffer
4 dicke Scheiben Weißbrot

Zubereitungszeit: ca. 45 Minuten

1 Die Graupen in ein Sieb geben, mit heißem Wasser übergießen und abtropfen lassen. Den Knoblauch abziehen und fein hacken.

2 Im Suppentopf 2 Esslöffel Olivenöl erhitzen und den Knoblauch darin kurz andünsten. Brühe und Graupen zugeben und bei schwacher Hitze 30 bis 45 Minuten garen.

3 Die Tomaten mit kochendem Wasser überbrühen, abziehen, von den Stielansätzen befreien, entkernen und würfeln. Die Petersilie waschen, trockenschwenken und die Blättchen grob hacken.

4 Die Muscheln waschen, geöffnete wegwerfen. Den Weißwein bei starker Hitze aufkochen, die Muscheln zugeben und zugedeckt etwa 5 Minuten kochen, bis sich die Muscheln geöffnet haben. Die Muscheln aus dem Topf heben, noch geschlossene Exemplare wegwerfen. Den Sud abgießen und unter die Graupen rühren. Mit Salz und Pfeffer würzen.

5 Wenn die Graupen gar sind, Muscheln, Tomatenwürfel und Petersilie untermischen und erhitzen. Die Weißbrotscheiben im Toaster rösten und mit dem restlichen Olivenöl beträufeln. Getrennt zur Muschelsuppe reichen.

Preiswert

Tomatensuppe mit Sardellencrostini
[Minestra di pomodoro con crostini di acciughe]

Für 4 Portionen

750 g reife Tomaten (möglichst Eiertomaten)
2 Knoblauchzehen
4 EL Olivenöl
je 1 EL gehackte Petersilie und Basilikum
500 ml Gemüsebrühe
Salz, schwarzer Pfeffer
2 EL Marsala oder Vinsanto
4 Sardellenfilets
4 Scheiben Ciabatta oder Baguette
35 g frisch geriebener Parmesan

Zubereitungszeit: ca. 30 Minuten

1 Die Tomaten mit kochendem Wasser überbrühen, abziehen, von den Stielansätzen befreien, entkernen und das Fruchtfleisch würfeln. Die Knoblauchzehen abziehen.

2 Im Suppentopf die Hälfte des Öls erhitzen und die Tomatenwürfel darin unter Rühren garen, bis sie zerfallen. Den Knoblauch durch die Presse drücken, zugeben und die Kräuter unterrühren. Kurz dünsten, die Brühe zugießen und aufkochen. Mit Salz, Pfeffer und Marsala abschmecken. 5 Minuten bei schwacher Hitze kochen.

3 Die Sardellenfilets abspülen und mit Küchenpapier trockentupfen. Die Brotscheiben auf beiden Seiten im restlichen Olivenöl hellbraun braten. Mit Sardellenfilets belegen und mit Käse bestreuen.

4 Die Tomatensuppe auf Teller verteilen und die Sardellencrostini in die Mitte legen. Sofort servieren.

> **TIPP**
> An einem heißen Sommertag können Sie diese Suppe auch gut gekühlt servieren und die heißen Crostini getrennt dazu reichen.

Für Anspruchsvolle –
Pasta & Co.

Oft ist die Liebe eine komplizierte Sache. Nur in einem Fall ist alles ganz klar – wenn es um Pasta geht. Die Liebe zu ihr zieht sich durch alle Nationen und Generationen. Das leuchtet ein, denn es ist ja tatsächlich eine wahre Freude, dass sich aus ihr solch vielfältige Genüsse zaubern lassen! Doch auch der Risotto oder die berühmte Polenta tauchen in diesem Kapitel auf – ein bisschen Abwechslung benötigt die heißeste Beziehung!

Schnell

Spaghetti mit Lachs und Zitronenmelisse
[Spaghetti al salmone e cedronella]

1 Das Lachsfilet mit Küchenpapier trockentupfen und in Streifen schneiden. Die Garnelen in ein Sieb geben und antauen lassen. Die Zitronenmelisse waschen, trockenschwenken und die Blätter abzupfen.

2 Die Schalotten abziehen und sehr fein würfeln. In einer Kasserolle die Butter erhitzen und die Schalotten darin glasig dünsten. Die Sahne und den Fond zugießen und bei mittlerer Hitze 10 Minuten einkochen lassen.

3 Für die Nudeln reichlich Wasser aufkochen, salzen und die Nudeln nach Packungsanweisung bissfest kochen, dabei öfter umrühren.

4 Die Lachsstreifen und die Garnelen in die Sahnesauce rühren, mit Salz, Pfeffer und Zitronenlikör würzen und bei schwacher Hitze 3 bis 4 Minuten ziehen lassen.

5 Die Nudeln abgießen, abtropfen lassen und mit der Sauce übergießen. Mit Melisseblättern bestreut sofort servieren.

Für 4 Portionen

200 g Lachsfilet
50 g kleine TK-Garnelen (Shrimps)
4 Stängel Zitronenmelisse
2 Schalotten
2 EL Butter
200 g Sahne
150 ml Fischfond (aus dem Glas)
400 g Spaghetti oder Spaghettini
Salz, weißer Pfeffer
2 EL Limoncello (Zitronenlikör) oder Grand Marnier

Zubereitungszeit: ca. 30 Minuten

Vegetarisch

PENNE MIT GEBACKENER RICOTTA
[PENNE CON RICOTTA AL FORNO]

Für 4 Portionen

1 Knoblauchzehe
1 EL Olivenöl
Salz
250 g Ricotta
400 g Penne rigate (gerillte Röhrennudeln)
2 Stängel frischer Salbei
100 g Butter
grob gemahlener schwarzer Pfeffer

Zubereitungszeit: ca. 30 Minuten

1 Den Backofen auf 250 °C (Gas Stufe 6, Umluft 230 °C) vorheizen. Den Knoblauch abziehen, durch die Presse drücken, mit dem Olivenöl verrühren und mit 1 Prise Salz unter die Ricotta mischen. Ein Backblech mit Backpapier auslegen und die Ricotta in kleinen Häufchen darauf verteilen. Im heißen Ofen etwa 10 Minuten backen, bis die Ricotta leicht gebräunt ist. Aus dem Ofen nehmen und abkühlen lassen.

2 Für die Nudeln reichlich Wasser aufkochen, salzen und die Nudeln nach Packungsanweisung bissfest kochen, dabei öfter umrühren.

3 Die Ricottastückchen grob hacken. Die Salbeiblätter abzupfen und mit Küchenpapier trocken abreiben. Die Butter erhitzen und die Salbeiblätter darin kurz aufschäumen lassen. Mit etwas Nudelkochwasser ablöschen und mit Salz würzen.

4 Die Penne in ein Sieb gießen und abtropfen lassen. Die Nudeln auf Teller verteilen, mit Ricotta bestreuen und mit Salbeibutter übergießen. Etwas grob gemahlenen Pfeffer darüber streuen und sofort servieren.

TIPP
Zusätzlich können Sie einige gehackte Walnüsse unter die Sauce mischen und die Nudeln mit frisch geriebenem Parmesan bestreuen.

Gelingt leicht

Bandnudeln mit Zucchini- blüten und Shrimps
[Tagliatelle ai fiori di zucca con gamberetti]

Für 4 Portionen

150 g kleine TK-Garnelen (Shrimps)
8 Zucchiniblüten
200 g reife Tomaten
1 Zwiebel
2 Knoblauchzehen
2 EL Olivenöl
1 TL Mehl
100 ml Weißwein
400 g Tagliatelle (schmale Bandnudeln)
Salz
1 TL abgeriebene Schale von 1 unbehandelten Zitrone
2 EL Zitronensaft
150 ml Gemüsebrühe
weißer Pfeffer

Zubereitungszeit: ca. 45 Minuten

1 Die Garnelen abspülen und abtropfen lassen. Zucchiniblüten kurz waschen und abtropfen lassen.

2 Die Tomaten überbrühen, abziehen, von den Stielansätzen befreien, entkernen und würfeln. Zwiebel und Knoblauch abziehen, die Zwiebel sehr fein hacken.

3 Olivenöl erhitzen. Die Zwiebel darin bei mittlerer Hitze anbraten. Mehl darüber streuen, Tomaten unterrühren, Knoblauch durch die Presse dazudrücken. Mit Wein ablöschen und 10 Minuten bei schwacher Hitze kochen lassen.

4 Für die Nudeln reichlich Wasser aufkochen, salzen und die Nudeln nach Packungsanweisung bissfest kochen, dabei öfter umrühren. In ein Sieb gießen und abtropfen lassen.

5 Zitronenschale, -saft und Brühe zur Tomatensauce geben. Zucchiniblüten vom Stielansatz befreien und quer in 5 mm breite Streifen schneiden. Mit den Garnelen in die Sauce rühren und kurz erhitzen. Abschmecken und mit den Nudeln servieren.

Etwas schwieriger

Grüne Nudelrollen
[Rotolo verde]

Für 4 Portionen

Für den Nudelteig
350 g Mehl (Type 505)
2 Eier (Gew.-Kl. S)
1 TL Salz
Mehl zum Ausrollen

Für die Füllung
1 große Packung TK-Blattspinat (450 g)
2 Knoblauchzehen
60 g Butter
250 g Ricotta
100 g frisch geriebener Parmesan
Salz, schwarzer Pfeffer
300 ml heiße Gemüsebrühe

Für die Tomatensauce
2 Schalotten
2 Knoblauchzehen
750 g Tomaten
1 EL Olivenöl
100 ml Rotwein
Salz, Pfeffer

Außerdem
Fett für die Form

Zubereitungszeit: ca. 1 Stunde

1 Das Mehl in eine Schüssel geben, eine Mulde in die Mitte drücken, Eier und 8 bis 10 Esslöffel warmes Wasser hineingeben, Salz hinzufügen und mit einer Gabel vermischen. Nach und nach das Mehl einrühren und zu einem festen, geschmeidigen Teig kneten. In Folie wickeln und 20 bis 30 Minuten ruhen lassen.

2 Den Spinat nach Packungsangabe garen. In ein Sieb gießen, kalt überbrausen, abtropfen lassen, fest ausdrücken und grob hacken.

3 Die Knoblauchzehen abziehen. Die Hälfte der Butter in einer Pfanne erhitzen, bis sie leicht bräunt. Den Spinat einrühren, Knoblauch durch die Presse drücken, zugeben und etwa 5 Minuten dünsten, bis alle Flüssigkeit verdampft ist. Den Spinat in eine Schüssel füllen und abkühlen lassen. Mit der Ricotta und der Hälfte des Parmesans vermischen. Mit Salz und Pfeffer würzen.

4 Den Teig in zwei Stücke teilen und mit dem Nudelholz auf einer bemehlten Arbeitsfläche oder mit der Nudelmaschine zu 25 × 35 cm großen Rechtecken ausrollen. Die Spinat-Käse-Masse mit einer Palette gleichmäßig auf die Nudelplatten streichen und die Nudelplatten wie einen Strudel aufrollen. Die Rollen in 5 cm lange Stücke schneiden.

5 Den Backofen auf 220 °C (Gas Stufe 4–5, Umluft 200 °C) vorheizen. Eine mittelhohe Auflaufform fetten und die Nudelrollen senkrecht hineinsetzen. Die heiße Brühe seitlich angießen. Die Nudelrollen mit dem übrigen Käse bestreuen, die restliche Butter in kleinen Flöckchen darauf verteilen und die Form mit Alufolie abdecken. Im heißen Ofen 30 Minuten backen.

6 Für die Tomatensauce die Schalotten und den Knoblauch abziehen und fein würfeln. Die Tomaten mit kochendem Wasser überbrühen, abziehen, von den Stielansätzen befreien, halbieren, entkernen und klein würfeln. Das Olivenöl erhitzen und Schalotten und Knoblauch darin glasig dünsten. Die Tomatenwürfel zugeben und 10 Minuten kochen, bis die Tomaten zerfallen. Mit dem Rotwein ablöschen und mit Salz und Pfeffer würzen.

7 Nach der Backzeit den Ofen auf 250 °C (Gas Stufe 6, Umluft 230 °C) erhitzen, die Folie von der Form abnehmen und die Nudelrollen noch etwa 10 Minuten überbacken, bis der Käse leicht bräunt. Heiß auf der Tomatensauce servieren.

TIPP

Giorgio, kreativer Koch aus Kalabrien, füllte die Nudelrollen einmal mit klein gewürfelten, gebratenen Auberginen und Pilzen und gratinierte sie mit der Tomatensauce – ebenfalls ein Gedicht! Dazu schmeckt ein fruchtiger, herber, nicht zu junger Rotwein, zum Beispiel ein Merlot oder Sangiovese aus Venetien.

Aus Kalabrien

PFANNKUCHEN MIT SPINAT UND RICOTTA
[CRESPELLE DI RICOTTA E SPINACI]

Für 4 Portionen

Für die Crespelle
250 ml Milch
125 g Mehl
2 Eier (Gew.-Kl. M)
Salz

Für die Tomatensauce
1 Schalotte
2 Knoblauchzehen
2 EL Olivenöl
350 g Tomatenpüree (Passata di pomodoro)
1 Prise gemahlener Peperoncino

Für die Füllung
225 g TK-Blattspinat
250 g Ricotta
2 EL gehacktes Basilikum
50 g frisch geriebener Parmesan
Salz, schwarzer Pfeffer
geriebene Muskatnuss

Außerdem
Butter zum Braten

Zubereitungszeit: ca. 1 Stunde

1 Für die Crespelle die Milch nach und nach in das Mehl einrühren, Eier und Salz untermischen und 20 Minuten quellen lassen.

2 Für die Tomatensauce Schalotte und Knoblauch abziehen und fein würfeln. Das Olivenöl erhitzen, Schalotte und Knoblauch darin in 5 Minuten goldgelb dünsten, Tomatenpüree und Peperoncino zugeben und 15 Minuten kochen.

3 Den Spinat nach Packungsangabe garen, in einem Sieb abtropfen lassen, ausdrücken und fein hacken. Unter die Ricotta mischen. Basilikum und Parmesan ebenfalls unterrühren und mit Salz, Pfeffer und Muskat würzen.

4 In einer beschichteten Pfanne 6 dünne Pfannkuchen backen. Dazu jeweils 1 Teelöffel Butter erhitzen, etwa 1 Saucenkelle Teig eingießen und rasch in der Pfanne verlaufen lassen, bis der Boden bedeckt ist. 1 bis 2 Minuten backen, wenden und auf der anderen Seite backen. Abkühlen lassen. Auf die fertigen Pfannkuchen je 2 Esslöffel der Ricottafüllung geben, aufrollen und in eine flache Auflaufform legen.

5 Den Backofen auf 200 °C (Gas Stufe 3–4, Umluft 180 °C) vorheizen. Die dick eingekochte Tomatensauce mit Salz und Pfeffer würzen und über die Crespelle gießen. Im heißen Ofen 10 bis 15 Minuten backen.

TIPP
Ausgezeichnet schmecken diese Crespelle mit einem fruchtigen, nicht zu stark gekühlten Roséwein, zum Beispiel einem Cipresseto aus der Toskana.

Für Gäste

RUCOLARISOTTO MIT PFIFFERLINGEN
[Risotto con rucola e cantarelli]

1 Die Schalotten abziehen und fein würfeln. Die Brühe erhitzen.

2 In einem Topf die Hälfte der Butter erhitzen. Die Schalottenwürfel darin andünsten, den Reis zugeben und unter Rühren in 2 Minuten glasig dünsten.

3 Nach und nach die heiße Brühe aufgießen und unter mehrmaligem Umrühren 20 bis 25 Minuten bei schwacher Hitze kochen. Erst wieder Brühe nachgießen, wenn der Reis die Flüssigkeit aufgenommen hat.

4 Inzwischen die Pfifferlinge säubern und größere Pilze halbieren. Die restliche Butter mit dem Olivenöl erhitzen und die Pilze darin 5 Minuten braten, dabei ab und zu umrühren. Mit Salz und Pfeffer würzen.

5 Die Rucola waschen, verlesen, trockenschwenken und in 1 cm breite Streifen schneiden.

6 Wenn der Reis bissfest gegart ist, die Sahne zugeben und kräftig durchrühren. Pfifferlinge, Rucola und die Hälfte des Käses untermischen, mit Salz und Pfeffer abschmecken und den Risotto auf Teller verteilen. Den restlichen Käse getrennt dazu reichen.

Für 4 Portionen

2 Schalotten
1,2 l Gemüsebrühe
4 EL Butter
250 g Risottoreis
150 g Pfifferlinge
2 EL Olivenöl
Salz, schwarzer Pfeffer
100 g Rucola
2 EL Sahne
75 g frisch geriebener Parmesan

Zubereitungszeit: ca. 45 Minuten

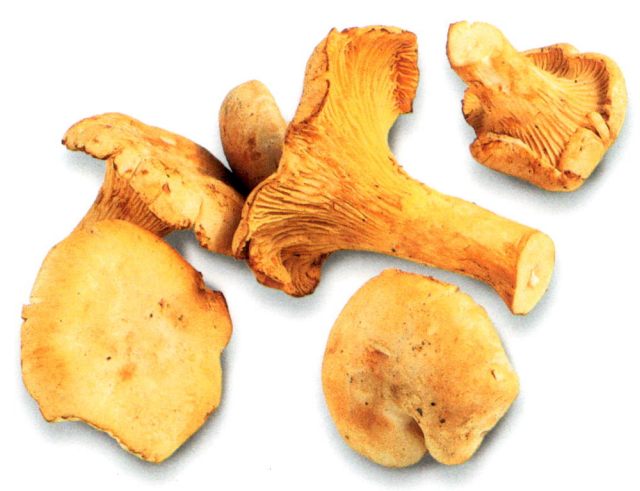

Aus Rom

REISTÖRTCHEN MIT FLEISCHSAUCE
[TIMBALLO CON RAGÙ]

Für 4 Portionen

2 Schalotten
1 EL Butter
200 g Risottoreis
700 ml Gemüsebrühe
400 g magere Kalbsschnitzel
3 EL Olivenöl
1 Zwiebel
2–3 Knoblauchzehen
2 EL Tomatenmark
150 ml Rotwein
1 kleine Dose Tomaten (400 g)
Salz, schwarzer Pfeffer
je 1/2 TL getrockneter Thymian und Rosmarin
2 EL frisch geriebener Parmesan
Fett für die Förmchen
1 TL frische Oreganoblättchen

Zubereitungszeit: ca. 1 Stunde

1 Die Schalotten abziehen und klein würfeln. Die Butter erhitzen und die Schalotten darin andünsten. Den Reis zugeben und in 2 bis 3 Minuten glasig dünsten. Nach und nach die Brühe angießen, unter Rühren in 20 bis 25 Minuten bissfest garen.

2 Das Kalbfleisch mit Küchenpapier trockentupfen und in haselnussgroße Stücke schneiden. Das Öl erhitzen und die Fleischstücke darin bei mittlerer Hitze in 5 bis 7 Minuten leicht anbräunen.

3 Die Zwiebel und den Knoblauch abziehen, klein würfeln, zum Fleisch geben und 5 Minuten mitgaren. Das Tomatenmark und den Rotwein zugeben und fast einkochen lassen. Die Tomaten zugeben, zerdrücken und 10 Minuten kochen. Mit Salz, Pfeffer und getrockneten Kräutern würzen. Zugedeckt 30 Minuten schmoren.

4 Den Backofen auf 175 °C (Gas Stufe 2, Umluft 150 °C) vorheizen. Reis kurz abkühlen lassen und den Käse untermischen. Kleine Auflaufförmchen gut fetten, Reis einfüllen und glatt streichen. Die Reistörtchen 20 Minuten im Ofen erhitzen.

5 Reistörtchen auf Teller stürzen, mit Sauce umgießen und mit Oreganoblättchen bestreut servieren.

Aus dem Piemont

Polenta gratiniert mit Fonduta
[Ciotolo al tartufo]

Für 4 Portionen

Für die Polenta
150 ml Milch
600 ml leichte Gemüsebrühe
200 g Instant-Polenta
2 EL Butter
geriebene Muskatnuss
Für die Fonduta
400 g Fontina, ersatzweise Bergkäse oder Emmentaler
300 ml Milch
2 TL Speisestärke
4 Eigelbe (Eier Gew.-Kl. M)
weißer Pfeffer
Wahlweise
5–10 g frische weiße Trüffel

Zubereitungszeit: ca. 35 Minuten

1 Den Backofen auf 200 °C (Gas Stufe 3–4, Umluft 180 °C) vorheizen. Die Milch mit der Gemüsebrühe aufkochen, die Polenta einrühren und unter Rühren 5 Minuten quellen lassen. 1 Esslöffel Butter und Muskat unterrühren. In eine Reisrandform füllen, mit Alufolie abdecken und 10 Minuten im heißen Ofen backen.

2 Den Käse grob reiben, mit 500 Milliliter heißem Wasser übergießen, kurz ziehen lassen und das Wasser wieder abgießen.

3 Die Milch mit Speisestärke verrühren, zum Käse geben und unter ständigem Rühren bei schwacher Hitze erwärmen, bis der Käse zerlaufen ist.

4 Den Topf vom Herd nehmen und die Eigelbe nacheinander unterrühren, etwas Pfeffer dazugeben. Die Masse unter ständigem Rühren wieder erhitzen, bis die Käsesauce dicklich wird, dabei auf keinen Fall kochen lassen, sonst gerinnen die Eigelbe. Vom Herd nehmen.

5 Den Backofen auf 250 °C (Gas Stufe 6, Umluft 230 °C) erhitzen. Die Polenta auf eine hitzefeste Platte stürzen. Mit der restlichen Butter in Flöckchen belegen und 10 Minuten im heißen Ofen überbacken, bis die Oberfläche leicht gebräunt ist. In die Mitte die Fonduta gießen, eventuell die Trüffel hauchdünn darüber hobeln und servieren.

> **TIPP**
> Fonduta ist die berühmte Käsesauce aus dem Piemont, die auch mit Gnocchi gereicht wird. Servieren Sie dazu einfach einen grünen Salat.

Der Partyhit:
O mia bella pizza

Es wird mal wieder Zeit, eine kleine Party zu schmeißen, aber Sie schrecken noch ein wenig davor zurück, weil die Gäste sicher wieder etwas zu essen erwarten oder sich das zumindest erhoffen? Machen Sie sich keine Gedanken: Greifen Sie einfach auf eine alte neapolitanische Spezialität zurück – die Pizza. Als warmer Imbiss eignet sie sich bestens dazu, auch eine größere Gästeschar zu bewirten. Die folgenden Portionen ergeben eine sättigende Mahlzeit für vier oder einen Imbiss für sechs Personen. Wenn Sie nach und nach Pizzen mit unterschiedlichem Belag in den Ofen schieben, ist Ihnen der Beifall Ihrer Gäste garantiert – sie werden Ihre Party nicht so schnell vergessen.

Grundrezept

PIZZABROT MIT KNOBLAUCH
[PIZZA PANE AGLIO E OLIO DI POMODORI ESSICCATI]

Für 4–6 Portionen

Für den Pizzateig
500 g Mehl
1 TL Trockenhefe
2 TL Salz
2 EL Olivenöl
evtl. Mehl zum Bestreuen

Für den Belag
4 EL Öl von eingelegten getrockneten Tomaten
3 getrocknete Tomaten, in Öl eingelegt
4 Knoblauchzehen
1 TL getrockneter Oregano

Außerdem
Öl für das Backblech

Arbeitszeit: ca. 25 Minuten
Ruhezeit: ca. 3 Stunden 30 Minuten

1 Das Mehl in einer Schüssel mit Hefe und Salz mischen, Olivenöl und etwa 300 Milliliter warmes Wasser unterrühren, gründlich vermischen und kräftig kneten. Eventuell mit etwas Mehl bestreuen, wenn der Teig klebt. Zugedeckt 2 bis 3 Stunden an einem warmen Ort gehen lassen.

2 Ein Backblech ölen und den Teig darauf dünn ausrollen oder flach drücken. Mit dem Öl von eingelegten Tomaten bestreichen. Die getrockneten Tomaten fein hacken und darüber streuen. Den Knoblauch abziehen, durch die Presse drücken und darauf verteilen. Mit Oregano bestreuen und den Teig nochmals 20 bis 30 Minuten gehen lassen.

3 Den Backofen auf 250 °C (Gas Stufe 6, Umluft 230 °C) vorheizen. Das Pizzabrot im heißen Ofen auf mittlerer Schiene 10 bis 15 Minuten backen, bis die Oberfläche leicht gebräunt ist. In Stücke schneiden und warm servieren.

> **TIPP**
> Es wäre doch schade, das würzige Öl der getrockneten Tomaten nicht weiter zu verwenden. So kam mir die Idee zu diesem Rezept. Das Pizzabrot schmeckt sehr gut zu Antipasti oder einfach zu einem Glas Wein.

Südtiroler Pizza mit Rucola
[Pizza rucola]

Für 4–6 Portionen

Pizzateig
(siehe Grundrezept Seite 77)
750 g reife Tomaten
2 Schalotten
2 Knoblauchzehen
4 EL Olivenöl
je 1/4 TL getrockneter Oregano,
Thymian und Rosmarin
Salz, schwarzer Pfeffer
Olivenöl für das Backblech
70 g Südtiroler Schinkenspeck in
dünnen Scheiben
2 Kugeln Mozzarella (à 125 g)
100 g Rucola
2 EL Zitronensaft

Zubereitungszeit: ca. 1 Stunde

1 Den Teig wie im Grundrezept beschrieben zubereiten, aber nur etwa 30 Minuten gehen lassen.

2 Die Tomaten mit kochendem Wasser überbrühen, abziehen, von den Stielansätzen befreien, entkernen und klein würfeln. Schalotten und Knoblauch schälen und fein würfeln. 2 Esslöffel Olivenöl erhitzen und Schalotten und Knoblauch darin bei mittlerer Hitze glasig dünsten. Tomaten zugeben, mit Kräutern, Salz und Pfeffer würzen und bei schwacher Hitze in etwa 20 Minuten dick einkochen.

3 Den Backofen auf 250 °C (Gas Stufe 6, Umluft 230 °C) vorheizen. Den Teig etwa 5 mm dünn ausrollen und auf ein geöltes Backblech legen. Mit der Tomatensauce bestreichen. Schinkenspeck in 2 cm breite Streifen, Mozzarella in dünne Scheiben schneiden und auf der Pizza verteilen. Mit etwas Salz bestreuen. Im heißen Ofen auf unterer Schiene in 13 bis 15 Minuten knusprig backen.

4 Die Rucola waschen, verlesen und abtropfen lassen. Die Pizza aus dem Ofen nehmen, in Portionsstücke teilen, mit Rucola bestreuen und mit Zitronensaft und Olivenöl beträufeln. Sofort servieren.

Vegetarisch

PIZZA MIT ARTISCHOCKEN UND KAPERN
[PIZZA CON CARCIOFI E CAPPERI]

Für 4–6 Portionen

Pizzateig
(siehe Grundrezept Seite 77)
Olivenöl für das Backblech
und zum Beträufeln
1 Dose gehackte Tomaten
(Pizzatomaten; 400 g)
1 Glas Artischockenherzen in Öl
4 Knoblauchzehen
2 Kugeln Mozzarella (à 125 g)
2–3 EL Kapern
Salz, schwarzer Pfeffer
1 Bund frischer Oregano

Arbeitszeit: ca. 45 Minuten
Ruhezeit: ca. 20 Minuten

1 Den Teig wie im Grundrezept beschrieben zubereiten, aber nur etwa 20 Minuten gehen lassen. Den Teig zu Pizzen ausrollen und auf geölte Backbleche legen. Den Backofen auf 250 °C (Gas Stufe 6, Umluft 230 °C) vorheizen.

2 Die Pizzatomaten auf die Teigböden verteilen. Artischocken abtropfen lassen, längs vierteln und auf die Tomaten geben. Die Knoblauchzehen abziehen und grob hacken. Mozzarella in Scheiben schneiden. Den Knoblauch mit den Kapern auf die Pizzen streuen, mit den Mozzarellascheiben belegen und mit Salz und Pfeffer würzen. Großzügig mit Olivenöl beträufeln.

3 Die Pizzen im heißen Ofen auf mittlerer Schiene etwa 15 Minuten backen, bis die Mozzarella schön gebräunt ist. Den Oregano waschen, trockenschwenken, die Blättchen grob hacken und auf die Pizzen streuen.

> **TIPP**
> Verwenden Sie in Öl eingelegte Artischocken, die nicht so säuerlich schmecken. Dazu passt ein fruchtig-würziger Rotwein mit zartem Mandelgeschmack: ein Bardolino Classico Superiore aus Venetien.

Originell

PIZZA JÜDISCHE ART
[PIZZA ALLA GIUDIA]

Für 4–6 Portionen

Pizzateig (Grundrezept Seite 77)
300 g Tomatenpüree
(Passata di pomodoro)
2 Knoblauchzehen
2 Stängel Basilikum
2 EL Olivenöl
Salz, schwarzer Pfeffer
Mehl zum Ausrollen
Öl für das Backblech
250 g Ricotta
50 g Sahne
2 EL gehackter Dill
50 g roter Forellenkaviar
200 g Räucherlachs in Scheiben

Zubereitungszeit: ca. 1 Stunde

1 Den Teig wie im Grundrezept beschrieben zubereiten, aber nur etwa 30 Minuten gehen lassen.

2 Das Tomatenpüree in eine Schüssel geben. Den Knoblauch abziehen, durch die Presse drücken und dazugeben. Die Basilikumblättchen trocken abreiben, in feine Streifen schneiden und mit dem Olivenöl untermischen. Mit Salz und Pfeffer würzen.

3 Den Backofen auf 250 °C (Gas Stufe 6, Umluft 230 °C) vorheizen. Den Teig auf einer bemehlten Arbeitsfläche möglichst dünn ausrollen und auf ein geöltes Backblech legen. Mit der Tomatensauce bestreichen. Im heißen Ofen auf unterer Schiene in 10 bis 13 Minuten knusprig backen.

4 Die Ricotta mit der Sahne glatt verrühren und mit Dill, Salz sowie Pfeffer würzen. Die fertige Pizza aus dem Ofen nehmen und in Portionsstücke teilen. Die Dillricotta in Klecksen auf die Pizzastücke geben, mit Kaviar bestreuen und den Räucherlachs dazwischenlegen. Sofort servieren.

Originell

Pizza mit Lauch und Shrimps
[Pizza con porro e gamberetti]

1 Den Teig wie im Grundrezept beschrieben zubereiten, aber nur etwa 30 Minuten gehen lassen.

2 Die Shrimps in einem Sieb auftauen lassen. Den Lauch von dunkelgrünen Blättern und Wurzelansatz befreien und kreuzweise einschneiden. Gründlich waschen, abtropfen lassen und klein schneiden. Die Zwiebel abziehen und fein würfeln.

3 Etwas Olivenöl erhitzen und die Zwiebelwürfel darin andünsten. Den Lauch zugeben und ebenfalls andünsten. Die Sahne einrühren und fast einkochen lassen. Mit Salz, Pfeffer und Muskat würzen.

4 Den Butterkäse reiben. Den Teig zu Pizzen ausrollen und auf geölte Backbleche legen. Den Backofen auf 250 °C (Gas Stufe 6, Umluft 230 °C) vorheizen.

5 Lauch und Shrimps auf den Pizzen verteilen. Mit geriebenem Käse und Thymianblättchen bestreuen. Mit etwas Olivenöl beträufeln.

6 Die Pizzen im heißen Ofen auf der mittleren Schiene 13 bis 15 Minuten backen, bis der Käse leicht gebräunt ist.

TIPP
Diese Pizza, die mir zum ersten Mal kurz vor der Südtiroler Grenze begegnet ist, können Sie auch mit Frühlingszwiebeln anstelle des Lauchs zubereiten. Dazu schmeckt ein frischer, leicht säurebetonter Weißwein, zum Beispiel ein Bianco di Custoza aus Venetien.

Für 4–6 Portionen

Pizzateig
(siehe Grundrezept Seite 77)
150 g kleine TK-Garnelen (Shrimps)
2 Stangen Lauch (500 g)
1 Zwiebel
Olivenöl für die Backbleche, zum Braten und zum Beträufeln
100 g Sahne
Salz, schwarzer Pfeffer
geriebene Muskatnuss
250 g Butterkäse (Bel Paese)
1 TL frische Thymianblättchen

Zubereitungszeit: ca. 50 Minuten

Nach der Pflicht die Kür –
Secondi piatti

Wenn ich ein italienisches Menü zaubere, sind die Gäste nach dem »primo«, der Pasta, schon recht gut gesättigt und zufrieden. So kann der zweite Hauptgang, der »secondo«, klein und fein sein. Mit etwas Kreativität lassen sich auch aus weniger teuren Zutaten beeindruckende Fisch- und Fleischgerichte komponieren. Zwei Küchengeräte stehen dabei im Mittelpunkt: Pfanne und Schmortopf. In der Pfanne sind Fische und kleine Schnitzel rasch gebraten, im Schmortopf gart Fleisch für die größere Runde. Da macht es auch nichts, wenn der Topf länger auf dem Herd stehen muss als geplant.

Exklusiv oder für den kleinen Geldbeutel –
Frutti di mare

Leider leben wir in einer Zeit, in der die edlen Mittelmeerfische wie Seeteufel und Goldbrasse nicht nur rar, sondern auch teuer geworden sind. Nicht verzweifeln, man muss sie ja nicht täglich haben. Dann stehen eben öfter mal Sardinen und Tintenfische, Muscheln und Schellfisch auf dem Speiseplan, und statt der Scampi gibt es Riesengarnelen aus der Tiefkühltruhe. Das muss nicht unbedingt ein Nachteil sein, für den kreativen Koch ist das eher eine Herausforderung. Die »Nuova Cucina« versorgt Sie mit einigen Ideen, die diese Meerestiere in einem völlig neuen Licht erscheinen lassen.

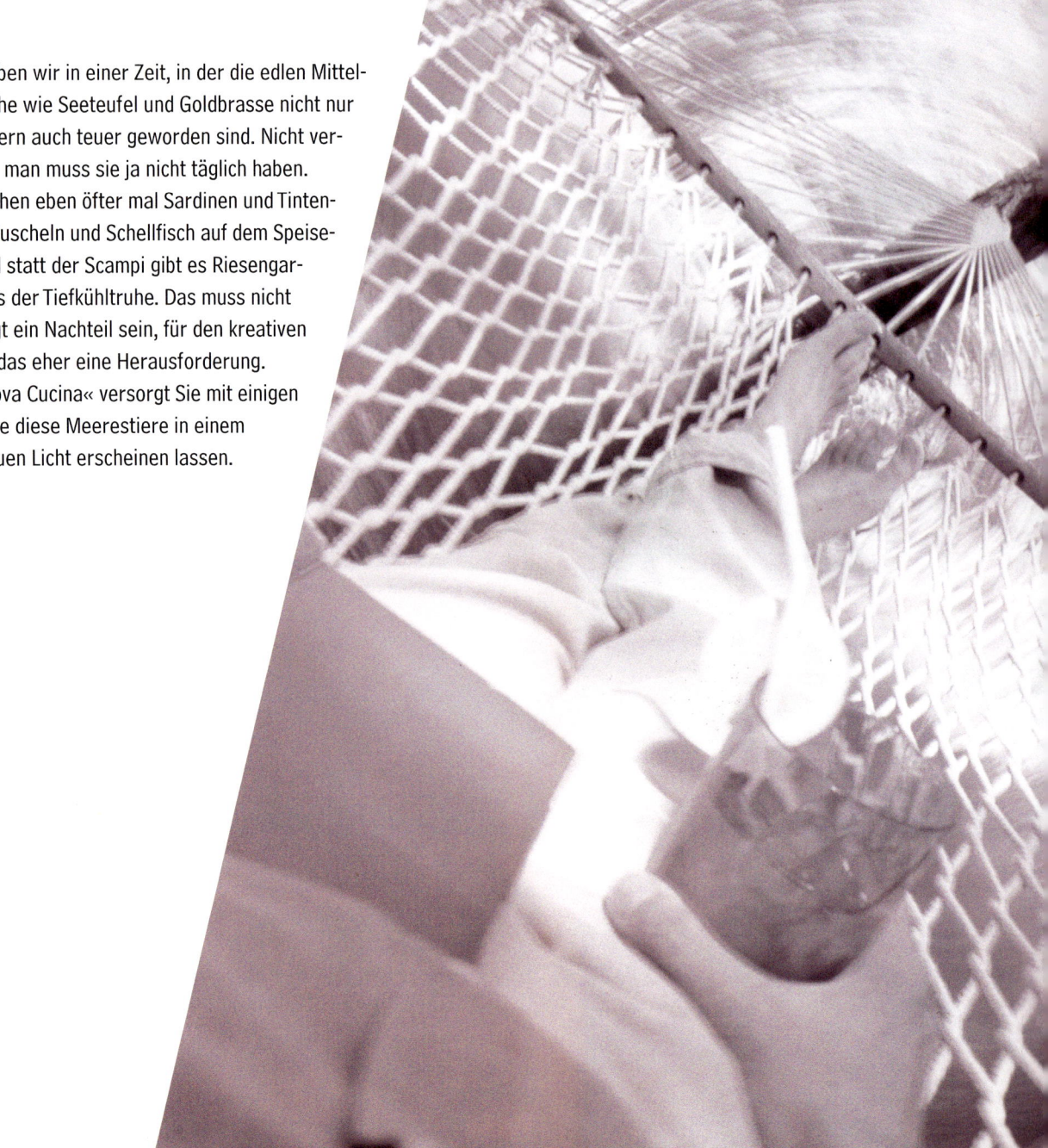

Würzig

Garnelen mit Oliven und Kapern
[Gamberoni con olive e capperi]

Für 4 Portionen

750 g Riesengarnelen (Gamberoni) in der Schale
1 EL Zitronensaft
50 g schwarze Oliven
4 Knoblauchzehen
4 EL Olivenöl
2 EL Kapern
150 ml Fischfond (aus dem Glas)
2 EL trockener Wermut
Salz, schwarzer Pfeffer

Zubereitungszeit: ca. 30 Minuten

1 Die Panzer der Garnelen auf der Rückenseite einschneiden und den Panzer so ablösen, dass Kopf und Schwanzflossen noch am Körper hängen. Den Darmfaden am Rücken entfernen. Die Garnelen waschen, mit Küchenpapier trockentupfen, mit Zitronensaft beträufeln und beiseite stellen.

2 Die Oliven entsteinen und das Fruchtfleisch in Streifen schneiden. Die Knoblauchzehen ungeschält mit der flachen Messerklinge zerdrücken.

3 In einer Schmorpfanne das Olivenöl erhitzen und den Knoblauch darin bei mittlerer Hitze goldgelb dünsten. Den Knoblauch entfernen.

4 Garnelen, Oliven und Kapern 2 Minuten in der Pfanne braten, mit Fischfond und Wermut aufgießen, einmal aufkochen und mit Salz und Pfeffer würzen. Sofort servieren.

> **TIPP**
> Ein typisch italienischer Trick ist es, die Garnelen mit Kopf und Schwanzflosse zu servieren. Das hat einen optischen Reiz, und Ihre Gäste müssen sich Zeit dafür nehmen, sie auszupulen. Trinken Sie zu dem Gericht einen kräftigen, fruchtigen Weißwein, zum Beispiel einen Castel del Monte bianco.

Aus der Toskana

TINTENFISCHE MIT ARTISCHOCKEN
[CALAMARI CON CUORI DI CARCIOFI]

Für 4 Portionen

750 g kleine Tintenfische
(Calamari; auch TK-Ware)
6 längliche Artischocken
3 EL Zitronensaft
1 große weiße Zwiebel
3 EL Olivenöl
1/2 TL grob gemahlener
schwarzer Pfeffer
Salz
250 ml Fisch- oder Gemüsefond
2 Knoblauchzehen
1 getrockneter Peperoncino
100 ml Weißwein

Zubereitungszeit: ca. 45 Minuten

1 Reichlich Wasser aufkochen. Die Tintenfische waschen, in fingerbreite Stücke schneiden, im kochenden Wasser 1 bis 2 Minuten überbrühen, in ein Sieb gießen und abtropfen lassen.

2 Die Stiele der Artischocken schälen. Die Blätter so weit abschneiden, dass nur noch die fleischigen Enden stehen bleiben. Die Artischocken längs vierteln, innere Blätter und das »Heu« entfernen und die Viertel sofort in Wasser mit Zitronensaft legen.

3 Die Zwiebel abziehen, halbieren und in dünne Scheiben schneiden. Die Hälfte des Olivenöls erhitzen und die Zwiebelscheiben darin bei mittlerer Hitze goldgelb braten. Die abgetropften Artischockenviertel und den grob gemahlenen Pfeffer zugeben, alles mit Salz würzen und bei schwacher Hitze zugedeckt 15 bis 20 Minuten garen, dabei nach und nach den Fisch- oder Gemüsefond angießen.

4 Die Knoblauchzehen abziehen. Das restliche Öl erhitzen, den Knoblauch durch die Presse drücken und mit dem zerbröselten Peperoncino zugeben. Die Tintenfischstücke hinzufügen und 5 bis 7 Minuten unter Rühren braten. Den Wein aufgießen und fast einkochen lassen. Die Artischocken mit den Zwiebeln und der Brühe zugeben, weitere 5 Minuten garen. Das Gericht abschmecken und servieren.

Pikant

Muscheln mit Pfeffer, Knoblauch und Olivenöl
[Cozze pepate]

Für 4 Portionen

2 kg große Miesmuscheln (küchenfertig)
2 große Zwiebeln
8 Knoblauchzehen
4 EL Olivenöl
1 EL schwarze Pfefferkörner
2–3 getrocknete rote Peperoncini
250 ml Weißwein oder Brühe
Salz
2 EL grob gehackte Petersilie

Zubereitungszeit: ca. 30 Minuten

1 Die Muscheln in kaltem Wasser waschen und eventuell Bartreste entfernen. Geöffnete Muscheln wegwerfen. Die Zwiebeln und den Knoblauch abziehen, die Zwiebeln in Streifen schneiden, den Knoblauch grob hacken.

2 In einem großen Topf 2 Esslöffel Olivenöl erhitzen und Zwiebeln und Knoblauch darin goldgelb dünsten. Die Pfefferkörner und die Peperoncini grob zerstoßen und zugeben. Mit dem Wein ablöschen und 5 Minuten bei starker Hitze einkochen. Die Muscheln hineingeben, etwas salzen und zugedeckt 5 bis 7 Minuten bei starker Hitze garen, dabei ab und zu umrühren.

3 Die Muscheln auf Teller verteilen, geschlossene Muscheln dabei aussortieren und wegwerfen, mit Petersilie bestreuen und das restliche Olivenöl darüber träufeln. Sofort servieren.

> **TIPP**
> Franco mag es lieber etwas milder und würzt die Muscheln mit eingelegtem grünen Pfeffer. Dazu reichlich Weißbrot und einen würzigen, herzhaften Weißwein, zum Beispiel einen Chardonnay aus Südtirol, servieren.

89

Preiswert

GEBRATENE SARDINENFILETS AUF ZUCCHINI
[SARDE ARROSTO SU ZUCCHINI]

Für 4 Portionen

250 g TK-Sardinenfilets mit Haut (glasiert und entgrätet)
1 TL Zitronensaft
500 g Zucchini
Olivenöl zum Braten
Salz, schwarzer Pfeffer
100 ml Weißwein
150 ml Tomatenpüree (Passata di pomodoro)
1 Prise gemahlener Peperoncino oder Cayennepfeffer
2 TL frische Zitronenthymianblättchen
50 g Sahne
2 EL Mehl

Zubereitungszeit: ca. 45 Minuten

1 Die Sardinenfilets kalt abspülen, auf Küchenpapier abtropfen lassen, die Fleischseite mit Zitronensaft beträufeln und auftauen lassen.

2 Die Zucchini waschen und in 5 mm dicke Scheiben schneiden. In einer Pfanne jeweils etwas Olivenöl erhitzen und die Zucchinischeiben darin bei mittlerer Hitze portionsweise auf beiden Seiten hellbraun braten. Auf Küchenpapier abtropfen lassen und mit Salz und Pfeffer würzen.

3 Wenn alle Zucchinischeiben gebraten sind, den Bratsatz mit Weißwein ablöschen und fast einkochen. Das Tomatenpüree einrühren und mit Peperoncino, Salz und Pfeffer würzen. Die Zucchinischeiben in die Sauce legen, mit Zitronenthymian bestreuen, die Sahne zugießen und umrühren. Beiseite stellen.

4 Die Sardinenfilets eventuell nachschuppen und mit Küchenpapier trockentupfen. Auf der Fleischseite mit Salz und Pfeffer würzen und mit Mehl bestäuben. Etwas Olivenöl erhitzen und die Sardinenfilets darin bei mittlerer Hitze erst auf der Haut-, dann auf der Fleischseite jeweils 2 Minuten braten. Die Zucchini in der Sauce nochmals erwärmen, auf Teller verteilen und die Sardinenfilets darauf anrichten.

> **TIPP**
> Mit tiefgefrorenen, küchenfertigen Sardinenfilets ersparen Sie sich das mühsame Putzen und Entgräten. Dazu passt ein fruchtiger, leicht gekühlter Rotwein, zum Beispiel ein Pinot Nero, Colli Orientali del Friuli.

Aus Sardinien

SCHELLFISCHFILET MIT KARTOFFELN UND SAFRAN
[Filetti di nasello con patate e zafferano]

Für 4 Portionen

600 g Schellfischfilet
Salz, weißer Pfeffer
1 EL Zitronensaft
500 g vorwiegend fest kochende Kartoffeln
4 EL Olivenöl extra nativ
2 EL gehackte Petersilie
1 Knoblauchzehe
1 EL Mehl
1/4 TL Safranfäden
75 ml trockener Weißwein

Zubereitungszeit: ca. 35 Minuten

1 Das Fischfilet portionieren, mit Salz und Pfeffer würzen und mit Zitronensaft beträufeln.

2 Die Kartoffeln waschen, schälen und in hauchdünne Scheiben hobeln. Das Olivenöl in eine kalte Pfanne gießen und die Kartoffelscheiben und die Petersilie dazugeben. Den Knoblauch abziehen, durch die Presse drücken und darauf streuen. Salzen und mit etwa 100 Milliliter Wasser übergießen. Zugedeckt aufkochen und bei mittlerer Hitze etwa 10 Minuten garen.

3 Die Fischfilets dünn mit Mehl bestäuben und auf die Kartoffeln legen. Die Safranfäden auf den Fischfilets verteilen. Den Weißwein darüber träufeln und alles bei schwacher Hitze 10 Minuten garen, dabei die Fischfilets ab und zu mit dem Garsud beträufeln. Die Safranfäden sollen dabei auf dem Fischfilet liegen bleiben.

4 Mit Salz und Pfeffer abschmecken. Zum Servieren die Fischfilets mit den Kartoffelscheiben zusammen auf Teller heben.

Raffiniert

GOLDBRASSE MIT ROSMARIN
[ORATA AL ROSMARINO]

Für 4 Portionen

2 große Goldbrassen (à 500 g)
4 frische oder getrocknete Zweige Rosmarin
Salz, schwarzer Pfeffer
1 unbehandelte Zitrone
2 EL Zitronensaft
2 EL Olivenöl

Zubereitungszeit: ca. 40 Minuten

1 Die Brassen schuppen, waschen und die seitlichen Flossen entfernen. Die Haut auf beiden Seiten mehrmals schräg bis auf die Gräten einschneiden. Jeweils 1 Rosmarinzweig in die Bauchhöhle der Fische stecken. Die übrigen Rosmarinnadeln von den Zweigen streifen und auf die Fische streuen. Die Brassen mit Salz und Pfeffer würzen.

2 Den Backofen auf 250°C (Gas Stufe 6, Umluft 230 °C) vorheizen. Die Zitrone heiß waschen, in hauchdünne Scheiben schneiden und auf einem Backblech auslegen. Die Brassen darauf geben und mit Zitronensaft und Olivenöl beträufeln. Im heißen Ofen 20 bis 25 Minuten garen, bis die Haut der Fische knusprig gebräunt ist.

TIPP
Perfekt ergänzt wird die Brasse von einem Gemüse-»Tris«: Dünsten Sie Möhrenstifte, Brokkoliröschen und Kartoffelviertel in Olivenöl an, garen Sie sie zugedeckt mit etwas Wasser und überbacken Sie sie abschließend mit etwas Käse.

Aus Südtirol

Seeteufelmedaillons im Schinkenmantel auf Linsenragout
[Coda di rospo al prosciutto su ragù di lenticchie]

Für 4 Portionen

Für das Linsenragout
200 g kleine Linsen (Berglinsen)
2 Schalotten
2 Knoblauchzehen
1 Möhre
1 Stange Staudensellerie
2 EL Olivenöl
je 1 TL frischer gehackter Rosmarin und Salbei
400 ml Gemüsebrühe
200 g Tomaten
Salz, schwarzer Pfeffer
1 EL Balsamico bianco

Für die Medaillons
400 g Seeteufelfilet (Lotte)
weißer Pfeffer
8–10 hauchdünne Scheiben Parmaschinken
2 EL Butter

Arbeitszeit: ca. 30 Minuten
Einweichzeit: ca. 1 Stunde
Garzeit: ca. 30 Minuten

1 Die Linsen in warmem Wasser 1 Stunde einweichen. In einem Sieb abgießen und abtropfen lassen.

2 Schalotten und Knoblauch abziehen und fein würfeln. Möhre und Sellerie waschen, putzen und sehr klein würfeln. Olivenöl erhitzen und Gemüsewürfel und Kräuter darin etwa 7 Minuten andünsten. Die Linsen und die Brühe zugeben und zugedeckt 20 bis 30 Minuten kochen, bis die Linsen gar sind.

3 Die Tomaten überbrühen, abziehen, von den Stielansätzen befreien, entkernen und würfeln. Mit Salz, Pfeffer und Balsamico unter die Linsen rühren. Warm halten.

4 Das Seeteufelfilet in 3 cm dicke Medaillons schneiden und mit Pfeffer würzen. Die Schinkenscheiben längs halbieren, die Medaillons mit den Schinkenstreifen umwickeln, fest andrücken. Die Butter erhitzen und die Medaillons darin bei mittlerer Hitze auf beiden Seiten je 4 Minuten braten. Auf dem Linsenragout anrichten.

Für Gäste

LACHS IN ROTWEINSAUCE
[Filetto di salmone in vino rosso]

Für 4 Portionen

600 g Lachsfilet
Salz, Pfeffer
4 EL Zitronensaft
1 große Zwiebel
1 EL Butter
2 Knoblauchzehen
600 ml Rotwein
10 Pimentkörner
1 Lorbeerblatt
4 EL kräftiger Fischfond
75 g Butter

Zubereitungszeit: ca. 40 Minuten

1 Den Backofen auf 50 °C (Gas Stufe 1) vorheizen. Das Lachsfilet in Portionsstücke teilen, diese mit Salz und Pfeffer würzen und mit Zitronensaft beträufeln.

2 Die Zwiebel abziehen und klein würfeln. Die Butter erhitzen und die Zwiebelwürfel darin andünsten. Den Knoblauch abziehen, durch die Presse drücken, zugeben und etwa 7 Minuten braten, bis die Zwiebeln gebräunt sind.

3 Den Rotwein angießen, Pimentkörner und Lorbeerblatt zugeben und 15 Minuten zugedeckt garen. Das Lachsfilet in die Sauce legen und 7 bis 8 Minuten ziehen, aber nicht kochen lassen. Den Lachs herausheben, einige Rotwein-Zwiebelwürfel darüber verteilen und im Ofen warm stellen.

4 Den Sud durch ein Sieb in eine Kasserolle gießen und auf etwa 6 Esslöffel Flüssigkeit einkochen. Den Fischfond einrühren und die Butter in kleinen Stücken unterschlagen, bis die Sauce gebunden ist. Sofort über den Fisch gießen und servieren.

> **TIPP**
> Pico, der ein kleines Restaurant in München führte, servierte das Lachsfilet sogar mit zweierlei Saucen. Zu der Rotweinsauce bereitete er noch eine weiße Sauce aus eingekochter Sahne mit etwas geriebener Zitronenschale und grünem Pfeffer zu.

Seezungenfilets und Garnelen auf »Tomatenblättern«
[Filetti di sogliola con gamberoni su foglie di pomodori]

Für 4 Portionen

4 große reife Tomaten
Salz, weißer Pfeffer
4 Lauchzwiebeln
250 ml Weißwein
6 Seezungen- oder große Schollenfilets (etwa 300 g)
8 Riesengarnelen (auch TK-Ware)
75 g kalte Butter
Basilikumblättchen zum Garnieren

Zubereitungszeit: ca. 30 Minuten

1 Die Teller im Backofen bei 50 °C (Gas Stufe 1) vorwärmen. Die Tomaten mit kochendem Wasser überbrühen, abziehen, von den Stielansätzen befreien und längs vierteln. Kerne und Trennwände mit einem Messer so ausschneiden, dass die Fruchtwände wie Blätter aussehen. Diese »Tomatenblätter« auf den Tellern sternförmig auslegen, leicht mit Salz und Pfeffer würzen und im Ofen warm stellen.

2 Die Lauchzwiebeln putzen und schräg in 3 cm lange Stücke schneiden. Den Weißwein erhitzen. Die Lauchzwiebeln darin 10 Minuten zugedeckt kochen. Aus dem Sud heben. Die Fischfilets längs halbieren, zu Spiralen drehen und im Sud 3 Minuten pochieren (unter dem Siedepunkt ziehen lassen). Herausheben und mit den Lauchzwiebeln auf den warmen Tellern anrichten.

3 Die Garnelen im Sud 1 bis 2 Minuten garen, herausheben und ebenfalls zwischen den Tomatenblättern anrichten. Den Kochsud bei starker Hitze auf etwa 100 Milliliter einkochen und die Butter in kleinen Stücken nach und nach einrühren. Mit Salz und Pfeffer abschmecken. Über Fisch und Garnelen träufeln, mit Basilikumblättchen garnieren und servieren.

Schneller gebraten als gegessen –
Scaloppine & mehr

Wenn ich heute die jungen italienischen »Cuoci« bei ihrer Arbeit beobachte, denke ich manchmal, sie hätten bei einem chinesischen Koch gelernt: Da werden alle Zutaten sorgfältig vorbereitet und bereitgestellt, die Pfanne erhitzt und schon ist, ehe ich mich versehe, ein Gericht gezaubert. Auch früher schon haben ihre Mammas die kleinen Schnitzelchen, die Scaloppine, auf diese Weise gebraten: traditionell hauchdünn geschnitten. Da es die deutschen Metzger oft ein wenig zu gut mit mir meinen und unsere Vorstellungen von »dünn« des Öfteren auseinandergehen, kaufe ich das Fleisch am Stück und schneide es selbst auf.

Würzig

HÄHNCHENLEBER MIT CHICORÉE IN BALSAMICO
[FEGATINI DI POLLO CON INSALATA BELGA IN BALSAMICO]

Für 4 Portionen

500 g Hähnchen- oder Putenlebern
800 g Chicorée
4 EL Olivenöl
1 Zwiebel
2 Knoblauchzehen
Salz, Pfeffer
1 TL grobes Meersalz
4 Lorbeerblätter
2 TL Pimentkörner
100 ml Rotwein
200 ml Brühe
2 EL Pesto rosso (aus dem Glas)
2 EL Tomatenmark
4 EL Aceto balsamico

Zubereitungszeit: ca. 1 Stunde

1 Die Hähnchenlebern putzen, mit Küchenpapier trockentupfen und beiseite stellen.

2 Den Backofen auf 50 °C (Gas Stufe 1) vorheizen. Den Chicorée waschen, längs halbieren und den Strunk keilförmig herausschneiden.

3 In einer Schmorpfanne 2 Esslöffel Olivenöl erhitzen und die Chicoréehälften darin bei schwacher bis mittlerer Hitze etwa 15 Minuten auf beiden Seiten braten, bis die Hälften gut gebräunt sind. Die Zwiebel und den Knoblauch abziehen und sehr fein würfeln. Den gebratenen Chicorée mit Salz und Pfeffer würzen und im vorgeheizten Ofen warm stellen.

4 Die Hähnchenleber im restlichen Öl auf beiden Seiten je etwa 7 Minuten bei schwacher Hitze anbraten. Beim Wenden die Zwiebel- und Knoblauchwürfel zugeben. Grobes Meersalz mit Lorbeerblättern und Pimentkörnern im Mörser fein zermahlen. Die Leber damit würzen.

5 Den Rotwein und die Brühe aufgießen und etwas einkochen lassen. Pesto rosso und Tomatenmark in die Sauce rühren und nochmals aufkochen. Mit Aceto balsamico, Salz und Pfeffer abschmecken.

> **TIPP**
> Wenn Sie Ihr Pesto rosso selbst zubereiten wollen, finden Sie auf Seite 21 das Rezept dazu. Servieren Sie die Hähnchenleber mit Salzkartoffeln und einem fruchtig-weichen Rotwein, zum Beispiel einem Merlot del Veneto.

Aus Sizilien

KALBSLEBER AUF AUBERGINENGEMÜSE
[FEGATO DI VITELLO SU CAPONATA]

Für 4 Portionen

1 große Aubergine (350 g)
Salz
1 EL Rosinen
2 EL italienischer Brandy oder Weinbrand
650 g reife Tomaten
2 Schalotten
2 Knoblauchzehen
50 g schwarze Oliven
4 Scheiben Kalbsleber (à 100 g)
6 EL Olivenöl
1 EL Kapern
1 getrockneter roter Peperoncino
schwarzer Pfeffer
1 TL frische Rosmarinnadeln
1 TL Rotweinessig oder Balsamico bianco

Zubereitungszeit: ca. 45 Minuten

1 Die Aubergine waschen, in 1,5 cm große Würfel schneiden und salzen. 20 Minuten ziehen lassen. Rosinen in Brandy einweichen.

2 Tomaten überbrühen, abziehen, von den Stielansätzen befreien und achteln. Schalotten und Knoblauch abziehen und fein würfeln. Das Olivenfleisch vom Kern schneiden. Die Leberscheiben mit 2 Esslöffeln Olivenöl rundum bestreichen.

3 Das restliche Olivenöl erhitzen. Die Auberginenwürfel mit Küchenpapier trockentupfen und im heißen Öl in 7 bis 10 Minuten rundum braun anbraten. Schalotten und Knoblauch kurz mitdünsten, Rosinen, Tomaten und Oliven zugeben, Kapern und zerbröselten Peperoncino unterrühren und zugedeckt etwa 10 Minuten bei schwacher Hitze kochen.

4 Eine Grillpfanne stark erhitzen. Die Leberscheiben auf jeder Seite 2 bis 3 Minuten grillen, mit Salz und Pfeffer würzen und die Rosmarinnadeln darüber streuen.

5 Das Gemüse mit Salz, Pfeffer und Essig abschmecken und auf Teller verteilen. Die Leberscheiben darauf legen und sofort servieren.

Aus dem Piemont

GEWÜRZHÄHNCHEN AUS DEM OFEN
[POLLO SPEZIATO AL FORNO]

Für 4 Portionen

1 großes Hähnchen oder
4 Hähnchenschenkel
Salz, schwarzer Pfeffer
1–2 Knoblauchzehen
50 g weiche Butter
100 ml Weißwein
1 TL Zimtpulver
je 1/2 TL gemahlene Muskatnuss und Nelkenpulver

Arbeitszeit: ca. 20 Minuten
Garzeit: ca. 1 Stunde

1 Das Hähnchen kurz unter fließendem Wasser waschen, in 8 gleich große Stücke zerteilen (Hähnchenschenkel durchs Gelenk halbieren) und mit Küchenpapier trockentupfen. Leicht mit Salz und Pfeffer würzen. Den Backofen auf 200 °C (Gas Stufe 3–4, Umluft 180 °C) vorheizen.

2 Den Knoblauch abziehen, durch die Presse drücken und mit der Butter vermischen. Die Hähnchenstücke auf der Hautseite mit Knoblauchbutter bestreichen und mit der Haut nach oben in einen flachen Bräter legen. Den Wein angießen. Die Hähnchenstücke im heißen Ofen auf mittlerer Schiene etwa 1 Stunde braten, bis sie gebräunt sind. Dabei ab und zu mit dem Bratfond beträufeln.

3 Die Gewürze vermischen. Wenn die Hähnchenteile gar sind, diese mit der Gewürzmischung bestreuen, mit Bratfond beträufeln und nochmals 3 Minuten im Ofen garen. Sofort servieren.

TIPP
Luisa, die in einem kleinen Restaurant bei Arona im Piemont kocht, bereitet dieses Rezept mit Wachteln zu. Sie riet mir auch, es möglichst schnell zu servieren, damit das Aroma nicht verfliegt. Gönnen Sie sich dazu einen Colli Perugini rosso aus Umbrien oder einen Barbera Bricco Airoli aus dem Piemont, beides volle, würzige Rotweine.

Gelingt leicht

Gegrillte Entenbrust auf Rucola
[Tagliata di anatra con rucola]

Für 4 Portionen

500 g Entenbrustfilets (Flugente)
Salz, schwarzer Pfeffer
4 EL Olivenöl
250 g Rucola
grob gemahlener schwarzer Pfeffer
4 EL Zitronensaft

Zubereitungszeit: ca. 35 Minuten

1 Den Backofen auf 150 °C (Gas Stufe 1, Umluft 130 °C) vorheizen. Die Entenbrustfilets mit Küchenpapier trockentupfen, die Hautseite rautenförmig einschneiden. Die Filets mit Salz und Pfeffer würzen und mit etwas Olivenöl einreiben.

2 Eine Grillpfanne stark erhitzen. Die Entenbrustfilets darin erst auf der Hautseite 5 bis 7 Minuten, dann auf der Fleischseite ebenso lange grillen (oder in einer Pfanne braten). Die Filets aus der Pfanne heben, in Alufolie wickeln und im heißen Ofen noch etwa 10 Minuten nachziehen lassen.

3 Die Rucola waschen, verlesen und die harten Stiele entfernen. Die Blätter abtropfen lassen und auf Teller verteilen.

4 Das Fleisch aus der Folie nehmen und quer zur Faser in Streifen schneiden, auf das Rucolabett legen und alles mit Salz und grobem Pfeffer würzen. Mit Zitronensaft und dem übrigen Olivenöl beträufeln. Sofort servieren.

Gelingt leicht

KALBSSCHNITZELCHEN MIT ROHER TOMATENSAUCE
[SCALOPPINE CON POMODORO FRESCO]

1 Die Kalbsschnitzel quer halbieren, mit Küchenpapier trockentupfen und mit der flachen Seite des Fleischklopfers dünn klopfen. Die Schnitzel mit Zitronenpfeffer würzen und mit etwa 1 Esslöffel Olivenöl einreiben.

2 Die Tomaten mit kochendem Wasser überbrühen, abziehen, von den Stielansätzen befreien, halbieren, entkernen und in kleine Würfel schneiden. Den Knoblauch abziehen. Die Kapern hacken. Die Basilikumblättchen trocken abreiben und klein schneiden.

3 Die Tomatenwürfel mit Aceto balsamico, 4 Esslöffeln Olivenöl, Kapern und Basilikum vermischen. Den Knoblauch durch die Presse drücken und zugeben. Mit Salz und Pfeffer würzen.

4 1 Esslöffel Öl erhitzen und die Kalbsschnitzel darin bei starker Hitze pro Seite 2 bis 3 Minuten braten. Mit Salz würzen. Die Schnitzel auf Teller verteilen. Den Bratfond mit Zitronensaft ablöschen und über die Schnitzel gießen. Die rohe Tomatensauce daneben gießen und das Gericht sofort servieren.

Für 4 Portionen

4 kleine Kalbsschnitzel (à 125 g)
Zitronenpfeffer
6 EL Olivenöl
500 g reife Eier- oder Fleischtomaten
2 Knoblauchzehen
1 EL Kapern
3 Stängel Basilikum
2 EL Aceto balsamico oder Balsamico bianco
3 EL Zitronensaft

Zubereitungszeit: ca. 30 Minuten

TIPP
Zu den berühmten »Saltimbocca« werden die Schnitzelchen, wenn Sie sie jeweils mit 1 frischen Salbeiblatt und 1/2 Scheibe Parmaschinken belegen. Dazu passt Weißbrot und ein zart-fruchtiger Weißwein, zum Beispiel ein Est! Est!! Est!!! di Montefiascone.

Mailänder Kalbsschnitzel mit Auberginen
[Piccata alla milanese con melanzane]

Für 4 Portionen

2 mittelgroße Auberginen (500 g)
Salz
4 EL Olivenöl
200 g Kirschtomaten
4 dünne Kalbsschnitzel (500 g)
weißer Pfeffer
10 EL Semmelbrösel
1 EL frisch geriebener Parmesan
1 Ei (Gew.-Kl. XL)
4 EL Butter
4 Stängel frisches Basilikum oder Petersilie

Zubereitungszeit: ca. 40 Minuten

1 Den Backofen auf 75 °C (Gas Stufe 1) vorheizen. Auberginen waschen, putzen und quer in fingerdicke Scheiben schneiden. Mit etwas Salz bestreuen und 5 Minuten ziehen lassen.

2 Das Olivenöl erhitzen. Die Auberginenscheiben zwischen Küchenpapier fest ausdrücken und im heißen Öl in 4 Minuten pro Seite braun anbraten. Auf Küchenpapier abtropfen lassen und im Ofen warm halten. Kirschtomaten halbieren und im verbliebenen Bratöl kurz andünsten. Jeweils 1 Tomatenhälfte auf 1 Auberginenscheibe legen.

3 Die Schnitzel quer halbieren und mit Salz und Pfeffer würzen.

4 Semmelbrösel mit Parmesan auf einem Teller vermischen, in einem zweiten, tiefen Teller das Ei verquirlen. Die Schnitzel zuerst in Ei, dann in der Bröselmischung wenden.

5 Die Butter zum Bratöl geben und die Schnitzel darin bei mittlerer Hitze in 5 Minuten pro Seite braun braten. Mit den Auberginenscheiben umlegen und mit Basilikumblättchen bestreut servieren.

Edel und teuer

Filetstreifen mit Kräutern
[Straccetti all'erbe]

Für 4 Portionen

500 g Rinderfilet
3 Schalotten
1 Knoblauchzehe
je 2 Stängel Basilikum, Oregano, Minze und Petersilie
3 EL Olivenöl
200 g Kalbsfond (aus dem Glas)
Salz, schwarzer Pfeffer

Zubereitungszeit: ca. 30 Minuten

1 Den Backofen auf 50 °C (Gas Stufe 1) vorheizen. Das Rinderfilet in fingerdicke Streifen schneiden. Schalotten und Knoblauch abziehen und fein würfeln. Die Kräuter waschen und die Blättchen grob hacken.

2 In einer Pfanne das Öl erhitzen. Die Filetstreifen darin bei starker Hitze 4 bis 5 Minuten rundum scharf anbraten. Aus der Pfanne heben und im Ofen warm stellen.

3 Im verbliebenen Öl die Schalotten, den Knoblauch und die Kräuter 2 bis 3 Minuten anbraten. Mit dem Fond aufgießen und bei starker Hitze etwas einkochen. Die Filetstreifen untermischen und mit Salz und Pfeffer würzen. Einmal aufkochen lassen. Die Pfanne vom Herd nehmen. Das Fleisch noch 3 bis 4 Minuten in der heißen Sauce ziehen lassen. Auf Teller verteilen und servieren.

TIPP
Mario-Enzo serviert die Filetstreifen mit Weißbrot oder Salzkartoffeln und reicht dazu einen frischen, fruchtigen Pinot Grigio.

Aus Sardinien

Gegrillte Rinderlende auf Steinpilzen
[Tagliata con porcini]

Für 4 Portionen

4 Scheiben Rinderlende
(Roastbeef; à 150 g) oder
2 T-Bone-Steaks (à 400 g)
7 EL Olivenöl extra nativ
400 g frische Steinpilze oder
braune Champignons
4 Stängel Petersilie
Salz, schwarzer Pfeffer
4 EL Zitronensaft
grob gemahlener schwarzer Pfeffer

Zubereitungszeit: ca. 35 Minuten

1 Die Rinderlendenscheiben leicht klopfen und mit Küchenpapier trockentupfen. Den Fettrand mehrmals einschneiden, damit sich das Fleisch beim Grillen nicht wölbt. Mit 2 Esslöffeln Olivenöl einreiben und etwa 20 Minuten bei Zimmertemperatur ruhen lassen.

2 Die Steinpilze putzen, säubern und in etwa 1 cm dicke Scheiben schneiden. Die Petersilie waschen, trockenschwenken und die Blättchen grob zerschneiden. 3 Esslöffel Olivenöl erhitzen und die Pilzscheiben darin auf beiden Seiten jeweils 5 Minuten braten, beim Wenden die Petersilie zugeben. Mit Salz und Pfeffer würzen.

3 Eine Grillpfanne erhitzen. Die Lendenscheiben darin bei starker Hitze pro Seite 3 bis 5 Minuten (T-Bone-Steaks 5 bis 8 Minuten) grillen. Die Pfanne vom Herd nehmen und das Fleisch zugedeckt noch 5 Minuten ziehen lassen.

4 Die Pilze mit Bratöl und Petersilie auf Teller verteilen. Den Zitronensaft mit 1 Prise Salz und dem restlichen Olivenöl zu einer cremigen Sauce verquirlen. Das Fleisch in fingerbreite Streifen schneiden und auf das Pilzbett legen. Mit Salz und grobem Pfeffer würzen und die Zitronensauce darüber träufeln. Sofort servieren.

> **TIPP**
> Die Sarden würzen die Steinpilze mit Zitronenverbene, den Blättern eines nach Zitrus duftenden Strauches. Dazu passt ein frischer, leicht säurebetonter Alghero Rosé aus Sardinien.

Gelingt leicht

KALBSRÖLLCHEN MIT SPINAT
[INVOLTINI DI VITELLO CON SPINACI]

1 Den Spinat in wenig Wasser mit etwas Salz und Pfeffer nach Packungsangabe garen. In ein Sieb gießen und abtropfen lassen. Die Kalbsschnitzel mit etwa 2 Esslöffeln Öl bestreichen. Zwischen Klarsichtfolie legen und mit der flachen Seite des Fleischklopfers gleichmäßig dünn klopfen. Jedes Schnitzel einseitig mit Senf bestreichen.

2 Den Knoblauch abziehen und durch die Presse drücken. Die Mozzarella würfeln. Den Spinat ausdrücken, zerpflücken und auf den Schnitzeln verteilen. Mit Mozzarellawürfeln und Knoblauch bestreuen und mit Salz und Pfeffer würzen. Aufrollen und die Enden mit Zahnstochern fest stecken. Die Rouladen in Mehl wenden.

3 Die Butter mit dem restlichen Öl erhitzen und die Rouladen darin bei starker Hitze rundum etwa 5 Minuten braten. Nach und nach den Fond angießen und zugedeckt bei schwacher Hitze 20 Minuten schmoren.

4 Tomaten waschen, von den Stielansätzen befreien und in Spalten schneiden. Die Rouladen mit Sauce auf Tellern anrichten, mit Tomaten und Petersilie garnieren.

Für 4 Portionen

300 g TK-Blattspinat
Salz, schwarzer Pfeffer
8 kleine dünne Kalbsschnitzel (à 60 g)
3 EL Olivenöl
1 EL grobkörniger Senf
2 Knoblauchzehen
1 Kugel Mozzarella (à 125 g)
2 EL Mehl
2 EL Butter
400 g Kalbsfond oder Brühe
2 Tomaten
2 EL gehackte Petersilie

Zubereitungszeit: ca. 1 Stunde

Aus dem Piemont

KANINCHEN MIT PAPRIKA
[CONIGLIO IN PEPERONATA]

Für 4 Portionen

1 Kaninchen (à 1 kg)
3 Knoblauchzehen
Salz, schwarzer Pfeffer
2 große grüne Paprika (500 g)
5 Sardellenfilets (in Salz)
40 g durchwachsener Südtiroler Speck ohne Schwarte
4 EL Olivenöl
4 EL Balsamico bianco
1 Zweig frischer Rosmarin
250 ml Fleischbrühe

Arbeitszeit: ca. 30 Minuten
Garzeit: ca. 1 Stunde

1 Das Kaninchen unter fließendem Wasser waschen, mit Küchenpapier trockentupfen und in 8 bis 10 Teile zerlegen. Die Knoblauchzehen abziehen und durch die Presse drücken. Die Kaninchenteile mit Salz, Pfeffer und etwas Knoblauch einreiben.

2 Die Paprikaschoten waschen, putzen und in 1 cm breite Streifen schneiden. Die Sardellenfilets abspülen und fein hacken. Den Speck würfeln und in einer großen Schmorpfanne in etwas Öl auslassen. Die Grieben herausnehmen und beiseite stellen.

3 Die Paprikastreifen in dem Fett anbraten und den restlichen Knoblauch dazugeben. Mit Essig ablöschen und zur Hälfte einkochen. Die Sardellen einrühren und erhitzen. Die Würzmischung in eine Schüssel füllen.

4 In der Pfanne 2 Esslöffel Olivenöl erhitzen und die Kaninchenteile darin rundum 10 Minuten kräftig anbraten. Den Rosmarinzweig und die Brühe zugeben und das Fleisch bei schwacher Hitze 45 Minuten schmoren.

5 Die Paprikamischung zum Fleisch geben und nochmals 15 Minuten garen. Den Rosmarinzweig entfernen und die Sauce mit Salz und Pfeffer abschmecken. Zum Servieren mit den Speckwürfeln bestreuen.

TIPP
Ein ideales Rezept für Gäste und Gastgeber: Es macht was her, aber wenig Arbeit. Dazu serviere ich Polenta oder Weißbrot und einen trockenen, weichen Rotwein, zum Beispiel einen Teroldego Rotaliano aus dem Trentino.

Raffiniert

LAMMLENDE IN BALSAMICOSAUCE
[LOMBO D'AGNELLO ALL'ACETO BALSAMICO]

Für 4 Portionen

400 g Lammlende (ausgelöster Lammrücken ohne Fett)
Salz, schwarzer Pfeffer
1 EL Butter
1 EL Olivenöl
2 Schalotten
150 ml Rotwein
200 g Kalbsfond (aus dem Glas)
300 g Zuckererbsen (Kaiserschoten)
2 EL Aceto balsamico

Zubereitungszeit: ca. 45 Minuten

1 Den Backofen auf 50 °C (Gas Stufe 1) vorheizen. Die Lammlende mit Salz und Pfeffer einreiben. In einer tiefen Pfanne die Butter mit dem Olivenöl erhitzen und das Fleisch darin bei mittlerer Hitze 8 bis 10 Minuten rundum kräftig anbraten. Die Schalotten abziehen und ganz fein würfeln. Das angebratene Fleisch in Alufolie wickeln und 20 Minuten im Ofen ziehen lassen. Die Teller vorwärmen.

2 Das Fett aus der Pfanne bis auf einen kleinen Rest abgießen. Die Schalottenwürfel darin in 3 bis 4 Minuten nussbraun anbraten. Den Bratensatz mit Rotwein ablöschen, den Fond zugießen und auf die Hälfte der Menge einkochen lassen.

3 Die Zuckererbsen waschen und die Enden abschneiden. In kochendem Wasser offen in 5 Minuten bissfest garen.

4 Die Rotweinsauce mit Salz, Pfeffer und Aceto balsamico würzen. Die Zuckererbsen in ein Sieb gießen und abtropfen lassen. Die Lammlende aus dem Ofen nehmen und in 2 cm dicke Scheiben schneiden.

5 Die Zuckererbsen auf den vorgewärmten Tellern anrichten, die Lendenscheiben darauf legen und mit der Sauce übergießen. Sofort heiß servieren.

Der süsse Abschluss:
Dolce vita

Zyniker behaupten, außer Panna cotta, Tiramisu und Eiscreme, garniert mit Früchten (am liebsten »Tutti frutti« aus der Dose) und Papierschirmchen, hätten die Italiener nichts an Desserts zu bieten. Als Entschuldigung lassen sie höchstens gelten, dass bei warmen Temperaturen frisches Obst sowieso die beste Nachspeise sei. Ob sie bezüglich der traditionellen Küche Recht behalten – darüber möchte ich mir kein Urteil erlauben. Angesichts der »Nuova Cucina« allerdings verbanne ich diese Unterstellung in das Reich der Unwahrheiten. Leichte Desserts mit Obst, originelle Kreationen mit Eiscreme, Klassiker im neuen Gewand und neue, umwerfende Rezepte tauchen da auf – bedienen Sie sich selbst aus dieser Auswahl. Ein bisschen Sünde muss sein!

Leichte Verführungen mit Obst

Jedes Mal, wenn ich das Gefühl hatte, rundum satt und zufrieden zu sein, schlich sich Gordana an und fragte scheinheilig: »Ein dolce? Habe ich ganz frisch gemacht heute …« Und es schwang manchmal fast so ein »extra für Dich« mit. Wer hätte da widerstehen können? Italienerinnen sind ja so ideenreich, wenn es darum geht, zu einer süßen Sünde zu verführen. Ich jedenfalls musste es nie bereuen. Diese leichten, lockeren dolci waren es immer wert, der Versuchung zu erliegen.

Gut vorzubereiten

PANNA COTTA MIT ERDBEEREN
[PANNA COTTA CON FRAGOLE]

Für 4 Portionen

3 Blatt weiße Gelatine
300 g Erdbeeren
3 1/2 EL Zucker
200 g Sahne
1 Messerspitze Bourbon-Vanillezucker
Zitronenmelisseblättchen zum Garnieren

Arbeitszeit: ca. 30 Minuten
Kühlzeit: ca. 6 Stunden

1 Die Gelatine in kaltem Wasser einweichen. Die Erdbeeren waschen, putzen und mit 2 Esslöffeln Zucker im Mixer pürieren. Das Püree halbieren.

2 Die Sahne mit restlichem Zucker und Vanillezucker verrühren, bis sich der Zucker aufgelöst hat.

3 Die Gelatine ausdrücken und in 3 Esslöffeln Wasser bei schwacher Hitze auflösen. 1 Esslöffel davon unter die eine Hälfte Erdbeerpüree rühren, die übrige Gelatine unter die Sahne mischen.

4 Kleine Flanförmchen (à 100 Milliliter Inhalt) kalt ausspülen und jeweils 2 Esslöffel Erdbeerpüree (mit Gelatine) einfüllen. Die Sahne darüber verteilen. Die Förmchen in den Kühlschrank stellen und die Panna Cotta in 4 bis 6 Stunden fest werden lassen.

5 Zum Servieren das verbliebene Erdbeerpüree auf flache Dessertteller verteilen. Die Förmchen kurz in heißes Wasser halten und die Panna Cotta auf den Saucenspiegel stürzen. Mit Melisseblättchen garnieren.

> **TIPP**
> Anstatt der Erdbeeren können Sie auch tiefgefrorene Himbeeren verwenden, die Sie immer vorrätig haben sollten.

Raffiniert

WEINSCHAUM ROSÉ
[ZABAIONE AL VINO FRIZZANTE ROSATO]

Für 4 Portionen

Eiswürfel
6 frische Eigelbe
(Eier Gew.-Kl. M)
3 EL Zucker
250 ml Rosé-Sekt (Vino frizzante rosato del Veneto)

Zubereitungszeit: ca. 20 Minuten

1 Eine Schüssel mit kaltem Wasser und Eiswürfeln bereitstellen.

2 In einer runden Metallschüssel die Eigelbe mit dem Zucker schaumig schlagen. Die Schüssel auf einen Topf mit leise kochendem Wasser setzen und die Masse mit dem Schneebesen so lange kräftig schlagen, bis sie schaumig ist. Nach und nach den Rosé-Sekt zugießen und dabei weiterschlagen, bis der Weinschaum dick und cremig ist.

3 Die Schüssel etwa 30 Sekunden in das Eiswasser halten und dabei weiterschlagen, um ein Nachgaren zu verhindern. Den Weinschaum warm in Sekt- oder Dessertschalen füllen und sofort servieren.

> **TIPP**
> Wenn Sie nach dem Hauptgericht nicht noch einmal in der Küche rühren wollen, schlagen Sie den Weinschaum in Eiswasser vollständig kalt und bereiten das Dessert vor. So können Sie den Weinschaum auch auf Obstsalat geben.

Aus Molise

BISKUIT MIT WALDBEEREN
[ZUPPA AI FRUTTI DI BOSCO]

Für 4 Portionen

250 g gemischte Waldbeeren (Walderdbeeren, Himbeeren, Brombeeren, Heidelbeeren) oder 1 Paket TK-Beerenmischung
3 EL Zucker
125 ml Rotwein
1 Päckchen Löffelbiskuits (75 g)
200 g kalte Sahne

Zubereitungszeit: ca. 30 Minuten

1 Die Beeren waschen und verlesen. Einige schöne Beeren zum Garnieren beiseite legen, die übrigen in einen Topf geben. 2 Esslöffel Zucker darüber streuen und die Beeren mit einem Kartoffelstampfer zerdrücken. Den Rotwein dazugeben und die Mischung 10 Minuten kochen. Den Topf vom Herd nehmen und das Beerenpüree durch ein Sieb streichen. Etwas abkühlen lassen.

2 Eine rechteckige Schale mit Löffelbiskuits auslegen. Das Beerenpüree gleichmäßig über die Biskuits verteilen.

3 Die sehr kalte Sahne mit dem restlichen Zucker steif schlagen, auf das Beerenpüree geben und die Oberfläche glatt streichen. Das Dessert mit den beiseite gelegten Beeren garnieren und sofort servieren.

TIPP
Bobo, Restaurantbesitzer in Termoli, bekommt seine Wildbeeren von einem alten Kräuterweiblein, das die schönsten Exemplare in den Bergen sammelt. Wenn die Ernte einmal besonders reichlich ist, kocht er das Wildbeerenpüree in Gläsern ein. Zu diesem Dessert passt ein weicher, gehaltvoller, gewürzhafter Rotwein, zum Beispiel ein Colli Perugini Rosso aus Umbrien.

Aus dem Piemont

PFIRSICHGELEE AUF MOSCATOSAUCE
[GELATINA DI PESCHE SU SALSA AL MOSCATO]

Für 4 Portionen

500 g reife gelbfleischige Pfirsiche
2–3 EL Zucker
1 EL Zitronensaft
1 EL Amaretto

3 Blatt helle Gelatine
1/4 Vanilleschote
250 ml Moscato d'Asti Spumante oder Prosecco
2 EL Zucker
2 TL Speisestärke

1 EL Zitronensaft
Zitronenmelisseblättchen zum Garnieren

Arbeitszeit: ca. 30 Minuten
Kühlzeit: ca. 6 Stunden

1 Die Pfirsiche überbrühen, abziehen und mit Zucker, Zitronensaft und Amaretto pürieren.

2 Gelatine in kaltem Wasser einweichen, ausdrücken und in etwas warmem Wasser auflösen. Unter das Pfirsichpüree mischen, in Förmchen füllen und 6 Stunden kalt stellen.

3 Für die Sauce die Vanilleschote aufschlitzen und mit Sekt und Zucker aufkochen. Stärke mit etwas kaltem Wasser glatt rühren und die Sauce damit binden. Zitronensaft unterrühren und abkühlen lassen, dabei ab und zu umrühren.

4 Zum Servieren die Sauce auf Teller verteilen. Das Gelee am Rand mit einem Messer lösen, die Förmchen kurz in heißes Wasser halten und auf die Sauce stürzen. Mit Melisseblättchen garnieren.

Originell

Weisser Schokoladenschaum mit Beeren
[Mousse di cioccolato bianco con bacche]

Für 4 Portionen

2 Eiweiße (Eier Gew.-Kl. M)
2 EL Zucker
100 g weiße Schokolade
40 g Butter
je 100 g Himbeeren, Brombeeren und Erdbeeren
3 TL Zucker
Minzeblätter zum Garnieren

Arbeitszeit: ca. 30 Minuten
Kühlzeit: ca. 6 Stunden

1 Die Eiweiße steif schlagen. Dabei nach und nach den Zucker einrieseln lassen, bis ein fester, glänzender Eischnee entstanden ist.

2 Die Schokolade grob hacken, mit der Butter in eine Metallschüssel geben und über dem Wasserbad schmelzen. Den Eischnee unterziehen. Die Masse 4 bis 6 Stunden in den Kühlschrank stellen.

3 Für die Früchtepürees die Beeren waschen, putzen und getrennt mit jeweils 1 Teelöffel Zucker im Mixer pürieren. Eventuell noch durch ein Sieb streichen.

4 Die Pürees auf Dessertteller verteilen. Mit einem großen Esslöffel von der Schokomasse große Nocken abstechen und in die Mitte der Teller setzen. Mit Minzeblättchen garniert servieren.

TIPP
Den Tipp, nur Eiweiß anstatt Schlagsahne zu verwenden, damit die Mousse besonders luftig und leicht wird, gab mir Markus aus Südtirol. Er führt ein kleines Lokal in Bozen. Dazu passt ein aromatischer, trockener Moscato d'Asti Spumante – nicht zu verwechseln mit dem süßen Asti Spumante.

Schokoladen-Halbgefrorenes
[Semifreddo di cioccolato]

Für 4 Portionen

100 g Zartbitterschokolade
2 Eier (Gew.-Kl. M)
2 EL Zucker
2 EL Amaretto
125 g kalte Sahne
je 1 Zitrone, Orange und Grapefruit
250 ml Weißwein
3 EL Zucker
1 EL Speisestärke
nach Belieben Minzeblättchen zum Garnieren

Arbeitszeit: ca. 45 Minuten
Gefrierzeit: ca. 6 Stunden

1 Die Schokolade grob hacken. Die Eier trennen. Die Eiweiße zu festem Schnee schlagen. Die Eigelbe mit Zucker und Amaretto über einem heißen Wasserbad dick-cremig aufschlagen. Die Schokolade darin schmelzen. Zwei Drittel des Eischnees unterheben und die Schüssel in kaltes Wasser stellen.

2 Die Sahne steif schlagen und mit dem restlichen Eischnee unter die Schokoladenmasse ziehen. Die Creme in eine Metallform füllen und zugedeckt 5 bis 6 Stunden gefrieren.

3 Die Schale so von den Zitrusfrüchten schneiden, dass auch die weiße Haut entfernt ist, und die Filets aus den Trennwänden lösen. Saft auffangen und mit Wein und Zucker aufkochen. Die Speisestärke mit kaltem Wasser anrühren, die Weinmischung damit binden. Filets darin erhitzen, abkühlen lassen.

4 Etwa 30 Minuten vor dem Servieren das Schokoladeneis in den Kühlschrank stellen, damit es weich wird. Das Zitruskompott auf Desserttellern anrichten. Mit einem Löffel Nocken von der Eiscreme abstechen und auf dem Kompott anrichten. Nach Belieben mit Minzeblättchen garnieren.

Für Gäste

ORANGENSORBET MIT ORANGENFILETS
[SORBETTO DI ARANCE CON FILETTI DI ARANCE]

Für 4 Portionen

5 unbehandelte Orangen
100 g Zucker
2 EL Zitronensaft
100 ml Rotwein
4 EL Grenadinesirup

Arbeitszeit: ca. 35 Minuten
Gefrierzeit: ca. 2 Stunden

1 2 Orangen halbieren und auspressen. Die Schalen auskratzen und gefrieren. Den Orangensaft mit Zucker und Zitronensaft verrühren, bis sich der Zucker aufgelöst hat. In das Tiefkühlgerät stellen. Ab und zu durchrühren. Die Masse soll nicht steinhart gefrieren, sondern halbweich bleiben.

2 1 Orange heiß waschen, die Schale hauchdünn abschälen, schräg in feine Streifen schneiden und mit Rotwein und Grenadinesirup 10 Minuten kochen.

3 Die Schale so von dieser und den 2 verbliebenen Orangen schneiden, dass auch die weiße Haut entfernt ist, und die Filets aus den Trennwänden lösen. Den Saft auffangen und zum Wein geben. Die Orangenfilets auf Tellern sternförmig anordnen, mit dem Sirup samt Schalenstreifen übergießen und bis zum Servieren marinieren.

4 Vor dem Servieren das Orangensorbet noch einmal durchrühren, in die Orangenhälften füllen und zu den Orangenfilets reichen.

> **TIPP**
> Nach diesem Rezept für ein »Sorbetto« können Sie auch andere Fruchtsäfte für die Zubereitung verwenden. Je nach Süße des Saftes benötigen Sie dabei weniger Zucker.

Für Unersättliche und wahre Liebhaber

Manche Menschen oder Gäste überraschen einen immer wieder. Man hat ihnen ein ausgiebiges, delikates Mahl aufgetischt, und trotzdem ist da noch dieser vorsichtig fragende Blick in ihren Augen: »Gibt es noch ein Dessert?« Entweder stammt dieser Menschentyp von einem Nimmersatt ab, oder er liebt Desserts schlichtweg über alles. Wie dem auch sei, mit den folgenden Rezepten sind Sie dieser Herausforderung auf jeden Fall gewachsen.

Ganz einfach

TIRAMISU MIT RICOTTA
[TIRAMISU DI RICOTTA]

Für 4 Portionen

2 TL Instant-Espresso
150 g kalte Sahne
3 EL Zucker
250 g Ricotta
1–2 EL Amaretto
1 Päckchen Löffelbiskuits (75 g)
2 EL Kakaopulver
Kakao oder Schokoraspel zum Garnieren

Arbeitszeit: ca. 35 Minuten
Kühlzeit: ca. 2 Stunden

1 Das Espressopulver mit 2 Espressotassen heißem Wasser zubereiten und abkühlen lassen. Die Sahne mit ein wenig Zucker steif schlagen.

2 Die Ricotta mit Amaretto und verbliebenem Zucker cremig rühren. Erst etwas Schlagsahne zum Lockern unterrühren, dann die restliche Sahne unterheben.

3 Eine dünne Schicht Ricottacreme in eine flache Schüssel streichen. Die Löffelbiskuits mit der ungezuckerten Seite kurz in den Espresso tauchen, auf die Ricottacreme legen, leicht andrücken und mit Kakaopulver bestreuen. Wieder eine Schicht Ricottacreme in die Schüssel füllen und mit getränkten Biskuits belegen. Mit einer Schicht Creme abschließen. Etwa 2 Stunden in den Kühlschrank stellen.

4 Das Tiramisu kurz vor dem Servieren dick mit Kakaopulver oder Schokoladenraspeln bestreuen.

> **TIPP**
> Ich persönlich ziehe den feinsäuerlichen Ricottaschaum der klassischen Mascarponecreme vor. Besonders fein sind Schokoraspel aus gekühlter Zartbitterkuvertüre. Einfach mit einer Gemüsereibe gleichmäßig über das fertige Tiramisu raspeln.

Aus Ligurien

Warme Birnen-Blätterteigtörtchen
[Crostatina calda alle pere]

Für 4 Portionen

2 Scheiben TK-Blätterteig (150 g)
Mehl zum Ausrollen
2 feste reife Birnen
(Abate oder Conference)
1 EL Zitronensaft
50 g echter brauner Rohrzucker
1/2 TL Zimt
2 EL Butter
kleine Erdbeeren und
Schlagsahne zum Garnieren

Zubereitungszeit: ca. 45 Minuten

1 Die Blätterteigscheiben auftauen lassen, quer halbieren und auf einer bemehlten Arbeitsfläche ausrollen. Kreise von etwa 12 cm Ø ausschneiden. Auf ein Backblech mit Backpapier legen.

2 Den Backofen auf 200 °C (Gas Stufe 3–4, Umluft 180 °C) vorheizen. Die Birnen schälen, vierteln, von den Kerngehäusen befreien und der Länge nach in dünne Spalten schneiden. Mit etwas Zitronensaft beträufeln.

3 Den Rohrzucker mit dem Zimt vermischen. Ein wenig davon auf die Blätterteigkreise streuen. Die Birnenschnitze leicht überlappend kreisförmig darauf auslegen und mit dem übrigen Zimtzucker gleichmäßig bestreuen.

4 Die Butter in kleinen Flöckchen auf die Birnen verteilen und die Törtchen im heißen Ofen auf mittlerer Schiene 20 bis 25 Minuten backen. Noch warm auf Dessertteller verteilen und mit Erdbeeren und Schlagsahne garniert servieren.

Gratinierte Vanillecreme
[Crema gratinata allo zucchero di canna]

Für 4 Portionen

1 Vanilleschote
4 Eigelbe (Eier Gew.-Kl. XL)
50 g Zucker
125 ml Milch
350 g Sahne
Fett für die Förmchen
4 EL brauner Rohrzucker

Arbeitszeit: ca. 20 Minuten
Backzeit: ca. 35 Minuten
Kühlzeit: ca. 7 Stunden

1 Die Vanilleschote aufschlitzen und das Mark in eine Metallschüssel kratzen. Die Eigelbe zugeben, verrühren und zu einer cremigen Masse aufschlagen. Dabei langsam den Zucker einrieseln lassen. So lange schlagen, bis die Eigelbmasse hell ist. Zuerst die Milch, dann die Sahne unterrühren. Die Masse durch ein Sieb gießen.

2 Den Backofen auf 150 °C (Gas Stufe 1, Umluft 130 °C) vorheizen. Vier flache Gratinierförmchen von 12 cm Ø ausfetten und die Eigelbmasse einfüllen. Auf ein tiefes Backblech stellen und seitlich kochend heißes Wasser angießen. Im heißen Ofen 25 bis 30 Minuten garen, bis die Creme zwar gebunden, aber noch nicht ganz fest ist. Abkühlen lassen und 4 bis 6 Stunden kühl stellen.

3 Mindestens 1 Stunde vor dem Servieren den Grill anheizen. Die Oberfläche der Creme mit braunem Zucker bestreuen und 3 bis 5 Minuten mit etwa 15 cm Abstand unter den heißen Grill schieben, bis der Zucker nussbraun karamellisiert und zu einer festen Kruste geworden ist. Bis zum Servieren erneut kühl stellen.

TIPP
Wenn mir Mauro in seinem Restaurant in der Nähe von Brescia eine besondere Freude machen will, beglückt er mich mit dieser Creme. Sie lässt sich auch gut vorbereiten. Dazu serviert er einen leicht gekühlten, aromatischen, roten Dessertwein mit Gewürznoten, zum Beispiel einen Moscato Rosa aus dem Trentino.

Süsse Ravioli mit Nüssen
[Ravioli dolci al burro di noci]

Für 4–6 Portionen

Für den Weinteig
350 g Mehl und
Mehl zum Ausrollen
2 Eier (Gew.-Kl. M)
60 ml Weißwein
Salz

Für die Füllung
20 g Amaretti (Mandelplätzchen)
40 g gehackte Walnüsse
100 g Ricotta
1 EL Amaretto
2–3 TL Zucker

Für die Nusssauce
50 g Walnusskerne
70 g Butter
1 EL Puderzucker
75 ml Weißwein

Außerdem
Minzeblättchen zum Garnieren

Arbeitszeit: ca. 50 Minuten
Ruhezeit: 20 Minuten

1 Für den Weinteig das Mehl mit Eiern, Wein und 1 Prise Salz zu einem glatten Teig kneten. 20 Minuten zugedeckt ruhen lassen.

2 Für die Füllung die Amaretti fein zerdrücken, mit den gehackten Walnüssen, der Ricotta und dem Amaretto vermischen. Mit Zucker abschmecken.

3 Den Teig auf einer bemehlten Arbeitsfläche 1 mm dick ausrollen und in Quadrate von 5 cm Kantenlänge schneiden. Auf jedes Teigquadrat ein haselnussgroßes Stück Füllung setzen. Die Teigränder mit Wasser bestreichen, zu Dreiecken falten und die Ränder andrücken.

4 Reichlich Salzwasser aufkochen. Die Ravioli hineingeben und etwa 12 Minuten halb zugedeckt bei schwacher Hitze kochen lassen.

5 Für die Sauce die Walnusskerne grob hacken. Die Butter erhitzen und die Walnusskerne braten, bis die Butter nussbraun ist (nicht zu dunkel werden lassen). Den Puderzucker darüber streuen und mit dem Weißwein ablöschen.

6 Die Ravioli mit einem Schaumlöffel aus dem Wasser heben, abtropfen lassen und auf Teller verteilen. Mit der Nusssauce übergießen und mit einigen Minzeblättchen garniert servieren.

Raffiniert

CRÊPES MIT APRIKOSEN
[CRESPELLE ALL'ALBICOCCA]

Für 4 Portionen

Für die Crêpes
100 g Mehl
125 ml Milch
125 ml Prosecco
3 Eier (Gew.-Kl. M)
1 EL Zucker
Salz

Für die Füllung
250 g frische Aprikosen oder
150 g abgetropfte Aprikosen aus dem Glas
4 EL Aprikosenkonfitüre
2 EL Marsala oder Sherry
2 EL Mandelstifte

Außerdem
Butter zum Braten
Puderzucker zum Bestäuben

Arbeitszeit: ca. 40 Minuten
Quellzeit: ca. 30 Minuten
Backzeit: ca. 10 Minuten

1 Das Mehl mit Milch, Prosecco, Eiern, Zucker und 1 Prise Salz zu einem flüssigen Crêpeteig verrühren und 30 Minuten quellen lassen.

2 Wenig Butter in einer beschichteten Pfanne erhitzen und aus dem Teig bei mittlerer Hitze hauchdünne, hellgelbe Pfannkuchen (Crêpes) backen.

3 Den Backofen auf 220 °C (Gas Stufe 4–5, Umluft 200 °C) vorheizen.

4 Die Aprikosen waschen, halbieren und entsteinen. Die Aprikosenhälften in Streifen schneiden. Die Aprikosenkonfitüre mit Marsala erwärmen, die Mandelstifte und die Aprikosenstreifen zugeben und kurz erhitzen.

5 Die Crêpes mit der Mischung bestreichen und zu Vierteln zusammenklappen. Im heißen Ofen auf mittlerer Schiene 7 bis 10 Minuten erhitzen. Mit Puderzucker bestäuben und heiß servieren.

> **TIPP**
> Sie können die heißen Crêpes noch mit einem Schuss Brandy oder Cognac flambieren.

Impressum

Reinhardt Hess,

Italienbummler und bekannter Kochbuchautor, prägt die Liebe zur italienischen Cucina. Von seinen Freunden daher spaßeshalber »Renardo« genannt, sammelt er leidenschaftlich und unentwegt Rezepte aus allen Regionen Italiens. In diesem Buch widmet er sich erstmals den Kochideen der jungen, innovativen Cuoci – Vertreter einer leichten, modernen Küche, die ein gemeinsames Ziel verbindet: die traditionellen italienischen Gerichte neu zu beleben mit einer bestechend klaren, leichten und alltagstauglichen Küche. Reinhardt Hess lebt in München.

Karl Newedel,

Münchener Fotodesigner, sammelte nach seiner Ausbildung zum Koch und Küchenchef nationale wie internationale Erfahrungen in großen Häusern, bevor er sich ab 1982 als frei schaffender Foodstylist einen Namen machte. Seit 1996 agiert er selbst hinter der Kamera und gibt mit seinen Fotografien zahlreichen Büchern ihr unverwechselbares Gesicht.

Ernst Soldan,

gebürtiger Schweizer, erkochte sich bereits 1974 seinen ersten Michelin-Stern in einem Münchener Nobelrestaurant, den er, wie keiner vor ihm, 24 Jahre lang verteidigte. Neben zahlreichen internationalen und nationalen Auszeichnungen wurde er in seiner Laufbahn zum besten Koch Deutschlands gewählt. Seit 1999 bildet der Könner mit Karl Newedel ein perfektes Team.

Es ist nicht gestattet, Abbildungen dieses Buches zu scannen, in PCs oder auf CDs zu speichern oder in PCs/Computern zu verändern oder einzeln oder zusammen mit anderen Bildvorlagen zu manipulieren, es sei denn mit schriftlicher Genehmigung des Verlages.

Augustus Verlag München 2000
© Weltbild Ratgeber Verlage GmbH & Co. KG
Alle Rechte vorbehalten

ISBN 3-8043-6031-9

Gedruckt auf elementar chlorfrei gebleichtem Papier

Redaktion: Norbert Müller
Projektleitung: Michaela Zelfel
Umschlag und Layout: Hovedkvarteret Grafisk Design, Kopenhagen
Umschlagfoto: zefa/König
Foodfotos: Karl Newedel, München
Freisteller: Fotostudio Schmitz, München, und Verlagsarchiv
Fotos S. 66, 86: Bavaria/VCP;
S. 46, 96: gettyone Stone/Thomas Schmidt/Bob Handelman; S. 56: IFA-Bilderteam/it-stock; S. 24, 110, 118: Mauritius/Benelux Press;
S. 38: Stock Market/Chuck Savage;
S. 16, 76: Super Stock
Satz/DTP: KL-Grafik, München
Druck und Bindung:
Graficas Estella S. A.

Printed in Spain

Die Deutsche Bibliothek –
CIP-Einheitsaufnahme

Ein Titeldatensatz für diese Publikation ist bei Der Deutschen Bibliothek erhältlich.

ABKÜRZUNGEN

EL	= Esslöffel	kg	= Kilogramm	Gew.-Kl.	= Gewichtsklasse
TL	= Teelöffel	g	= Gramm	TK-	= Tiefkühl …
l	= Liter	cm	= Zentimeter	°C	= Grad Celsius
ml	= Milliliter	mm	= Millimeter	Ø	= Durchmesser

REZEPTEREGISTER

Artischocken-Oliven-Creme 18
Artischocken, Überbackene 34
Auberginen mit Tomaten 29
Auberginenröllchen mit Mozzarella und Rucola 48
Auberginentürmchen 35

Bandnudeln mit Zucchiniblüten und Shrimps 69
Birnen-Blätterteigtörtchen, Warme 120
Biskuit mit Waldbeeren 113
Bohnensuppe mit Mangold, Grüne 59
Brokkoli mit geräuchertem Provolone 31
Brotsalat, Knuspriger Umbrischer 47

Champignons, »Getrüffelte« 27
Crêpes mit Aprikosen 123
Crostini mit rotem Pesto 21
Crostini mit Thunfischcreme 19

Entenbrust auf Rucola, Gegrillte 100

Feigen mit Balsamico 17
Fenchelsalat mit Pfirsich und Schinken 45
Filetstreifen mit Kräutern 103
Fischsuppe mit Gemüse 63

Garnelen mit Oliven und Kapern 87
Gemüse mit Gorgonzolacreme, Rohes 23
Gemüsesuppe mit Polentaklößchen 58
Gewürzhähnchen aus dem Ofen 99
Goldbrasse mit Rosmarin 92

Hähnchenbrust auf Salatbett 50
Hähnchenflan in Brühe 60
Hähnchenleber auf Orangensalat 51
Hähnchenleber mit Chicorée in Balsamico 97

Kalbsleber auf Auberginengemüse 98
Kalbsröllchen mit Spinat 105

Kalbsschnitzelchen mit roher Tomatensauce 101
Kalbsschnitzel mit Auberginen, Mailänder 102
Kaninchen mit Paprika 106
Kartoffeln mit Gambas, Durchgedrückte 53
Kastaniensuppe mit Reis 62
Knoblauchsuppe mit Kräutern 61

Lachs in Rotweinsauce 94
Lammlende in Balsamicosauce 107
Lauchomelett mit Balsamico 30

Mangoldsalat mit Pinienkernen 41
Mosaik von Paprikaschoten 26
Muschelsuppe mit Graupen 64
Muscheln mit Pfeffer, Knoblauch und Olivenöl 89

Nudelrollen, Grüne 70

Orangen-Chicorée-Salat 39
Orangensorbet mit Orangenfilets 117

Panna Cotta mit Erdbeeren 111
Penne mit gebackener Ricotta 68
Pfannkuchen mit Spinat und Ricotta 72
Pfirsichgelee auf Moscatosauce 114
Pizzabrot mit Knoblauch 77
Pizza jüdische Art 82
Pizza mit Artischocken und Kapern 79
Pizza mit Lauch und Shrimps 83
Pizza mit Parmaschinken 80
Pizza mit Pfifferlingen und Mangold 81
Pizza mit Rucola, Südtiroler 78
Pochierte Eier mit Fonduta und Trüffel 32
Polenta gratiniert mit Fonduta 75

Ravioli mit Nüssen, Süße 122
Reistörtchen mit Fleischsauce 74
Rinderfilet mit pikanter Sauce, Rohes 25
Rinderlende auf Steinpilzen, Gegrillte 104
Röstbrot mit Kirschtomaten 20
Rote-Bete-Suppe mit Ricottanocken 57
Rucolarisotto mit Pfifferlingen 73

Salat mit Kartoffelwürfelchen, Grüner 40
Sardinenfilets auf Zucchini, Gebratene 90
Schellfisch mit Kartoffeln und Safran 91
Schokoladen-Halbgefrorenes 116
Schokoladenschaum mit Beeren, Weißer 115
Seeteufelmedaillons im Schinkenmantel auf Linsenragout 93
Seezungenfilets und Garnelen auf »Tomatenblättern« 95
Shrimps mit Zitrone und Kaviartoast 22
Spaghetti mit Lachs und Zitronenmelisse 67
Spinat mit Pfifferlingen 28

Tiramisu mit Ricotta 119
Tintenfische mit Artischocken 88
Tintenfische mit Zuckererbsen, Gebratene 52
Tomaten-Rucola-Salat mit Steinpilzen 43
Tomatensalat im Brötchen 42
Tomatensuppe mit Sardellencrostini 65

Vanillecreme, Gratinierte 121

Weinschaum Rosé 112

Zucchini mit Nüssen und Schinken, Gebratene 33
Zunge mit Kartoffeln und Kresse 49
Zwiebelsalat mit Minze, Roter 44

ZUTATENREGISTER

Aprikosen
Crêpes mit Aprikosen 123

Artischocken
Artischocken-Oliven-Creme 18
Pizza mit Artischocken und Kapern 79
Tintenfische mit Artischocken 88
Überbackene Artischocken 34

Auberginen
Auberginen mit Tomaten 29
Auberginenröllchen mit Mozzarella und Rucola 48
Auberginentürmchen 35
Kalbsleber auf Auberginengemüse 98
Mailänder Kalbsschnitzel mit Auberginen 102

Beeren
Biskuit mit Waldbeeren 113
Panna Cotta mit Erdbeeren 111
Weißer Schokoladenschaum mit Beeren 115

Bohnen
Gemüsesuppe mit Polentaklößchen 58
Grüne Bohnensuppe mit Mangold 59

Brot & Brötchen
Artischocken-Oliven-Creme 18
Crostini mit rotem Pesto 21
Crostini mit Thunfischcreme 19
Knoblauchsuppe mit
 Kräutern 61
Knuspriger Umbrischer
 Brotsalat 47
Muschelsuppe mit Graupen 64
Röstbrot mit Kirschtomaten 20
Shrimps mit Zitrone und Kaviar-
 toast 22
Tomatensalat im Brötchen 42
Tomatensuppe mit Sardellen-
 crostini 65

Chicorée
Hähnchenleber mit Chicorée in
 Balsamico 97
Orangen-Chicorée-Salat 39

Eier
Crêpes mit Aprikosen 123
Lauchomelett mit Balsamico 30
Pfannkuchen mit Spinat und
 Ricotta 72
Pochierte Eier mit Fonduta und
 Trüffel 32

Fisch
Fischsuppe mit Gemüse 63
Gebratene Sardinenfilets auf
 Zucchini 90
Goldbrasse mit Rosmarin 92
Lachs in Rotweinsauce 94
Schellfischfilet mit Kartoffeln
 und Safran 91
Seeteufelmedaillons im
 Schinkenmantel auf Linsen-
 ragout 93
Seezungenfilets und Garnelen auf
 »Tomatenblättern« 95
Spaghetti mit Lachs und Zitronen-
 melisse 67

Gambas, Garnelen & Shrimps
Bandnudeln mit Zucchiniblüten und
 Shrimps 69
Durchgedrückte Kartoffeln mit
 Gambas 53
Fischsuppe mit Gemüse 63
Garnelen mit Oliven und Kapern 87
Pizza mit Lauch und Shrimps 83
Seezungenfilets und Garnelen auf
 »Tomatenblättern« 95
Shrimps mit Zitrone und Kaviar-
 toast 22
Spaghetti mit Lachs und Zitronen-
 melisse 67

Kartoffeln
Durchgedrückte Kartoffeln mit
 Gambas 53
Gemüsesuppe mit Polenta-
 klößchen 58
Grüner Salat mit Kartoffel-
 würfelchen 40
Schellfischfilet mit Kartoffeln und
 Safran 91
Zunge mit Kartoffeln und
 Kresse 49

Kastanien
Kastaniensuppe mit Reis 62

Lauch & Lauchzwiebeln
»Getrüffelte« Champignons 27
Knuspriger Umbrischer Brot-
 salat 47
Lauchomelett mit Balsamico 30
Pizza mit Lauch und Shrimps 83
Seezungenfilets und Garnelen auf
 »Tomatenblättern« 95

Mangold
Grüne Bohnensuppe mit
 Mangold 59
Mangoldsalat mit Pinien-
 kernen 41
Pizza mit Pfifferlingen und
 Mangold 81

Mozzarella
Auberginenröllchen mit Mozzarella
 und Rucola 48
Auberginentürmchen 35
Kalbsröllchen mit Spinat 105
Pizza mit Artischocken und
 Kapern 79
Pizza mit Parmaschinken 80
Südtiroler Pizza mit Rucola 78

Nüsse
Gebratene Zucchini mit Nüssen
 und Schinken 33
Orangen-Chicorée-Salat 39
Süße Ravioli mit Nüssen 122

Orangen
Hähnchenleber auf Orangen-
 salat 51
Orangen-Chicorée-Salat 39

Orangensorbet mit Orangenfilets 117
Schokoladen-Halbgefrorenes 116

Paprikaschoten
Kaninchen mit Paprika 106
Mosaik von Paprikaschoten 26
Pizza mit Parmaschinken 80

Pfirsiche
Fenchelsalat mit Pfirsich und
 Schinken 45
Pfirsichgelee auf Moscatosauce 114

Pilze & Trüffel
»Getrüffelte« Champignons 27
Gegrillte Rinderlende auf
 Steinpilzen 104
Pizza mit Pfifferlingen und
 Mangold 81
Polenta gratiniert mit Fonduta 75
Rucolarisotto mit Pfifferlingen 73
Spinat mit Pfifferlingen 28
Tomaten-Rucola-Salat mit Stein-
 pilzen 43

Pinienkerne
Crostini mit rotem Pesto 21
Mangoldsalat mit Pinienkernen 41

Ricotta
Grüne Nudelrollen 70
Penne mit gebackener Ricotta 68
Pfannkuchen mit Spinat und
 Ricotta 72
Pizza jüdische Art 82
Rote-Bete-Suppe mit Ricotta-
 nocken 57
Süße Ravioli mit Nüssen 122
Tiramisu mit Ricotta 119

Rucola
Auberginenröllchen mit Mozzarella
 und Rucola 48
Gegrillte Entenbrust auf
 Rucola 100
Grüner Salat mit Kartoffel-
 würfelchen 40
Rucolarisotto mit Pfifferlingen 73
Südtiroler Pizza mit Rucola 78
Tomaten-Rucola-Salat mit Stein-
 pilzen 43

Sardellen
Kaninchen mit Paprika 106
Rohes Rinderfilet mit pikanter
 Sauce 25
Tomatensuppe mit Sardellen-
 crostini 65

Schinken
Feigen mit Balsamico 17
Fenchelsalat mit Pfirsich und
 Schinken 45
Gebratene Zucchini mit Nüssen
 und Schinken 33
Pizza mit Parmaschinken 80
Seeteufelmedaillons im Schinken-
 mantel auf Linsenragout 93
Südtiroler Pizza mit Rucola 78

Spinat
Grüne Nudelrollen 70
Grüner Salat mit Kartoffel-
 würfelchen 40
Kalbsröllchen mit Spinat 105
Pfannkuchen mit Spinat und
 Ricotta 72
Spinat mit Pfifferlingen 28

Thunfisch
Crostini mit Thunfischcreme 19

Vanille
Gratinierte Vanillecreme 121
Panna Cotta mit Erdbeeren 111
Pfirsichgelee auf Moscatosauce 114

Zucchini & Zucchiniblüten
Bandnudeln mit Zucchiniblüten
 und Shrimps 69
Fischsuppe mit Gemüse 63
Gebratene Sardinenfilets auf
 Zucchini 90
Gebratene Zucchini mit Nüssen
 und Schinken 33